可愛いままで年収1000万円

ワークライフスタイリスト
宮本佳実 著

WAVE出版

水曜日の朝、目覚ましをかけない私は8時過ぎに目を覚ます。
ムクッとベッドから起き上がり
窓際にヨガマットを敷く。
朝日を浴びながら、縮こまった体をギューッと伸ばす。

ミキサーの中にりんごと小松菜とバナナを入れ、
スイッチを入れる。
作ったスムージーを片手に、ソファーでボーッと外を見る。

今日はどんな楽しいことがあるのかな。

顔を洗って、メイクをし、
服に着替えて、コテでゆるく髪を巻く。

デスクに向かいメールチェック。
水曜日はそんなに来ているメールが多くない。

そうだ。今日は天気がいいから、あのカフェにいこう。

お気に入りの小ぶりのバッグには、
可愛いノートと書きやすいペンを入れて。
パソコンを抱えて、さあ出発。

靴は何を履こうかな。
何でもない今日を特別な1日にしたいから、
お気に入りのアレにしよう。

水曜日のブランチは、赤いルブタンを履いて。

はじめに

はじめまして、ワークライフスタイリストの宮本佳実です。名古屋在住、現在33歳。主な仕事は毎日のブログやメルマガでの情報発信、定期的に講座やセミナーを開催し、起業のコツや自分らしく働いて豊かになる方法をお伝えしています。

開催するセミナーや講座は、おかげさまで早々に満席になるものも多く、たくさんの方にお待ちいただいている状態です。他には私が代表を務める「女性のためのスタイリングサロン　ビューティリア」や、友人でもあるビジネスパートナーと立ち上げたコミュニティ『『なりたい私』プロジェクト　アクチュアルミー」のプロデュースもしています。

そうお話しすると、ものすごくバリバリ忙しく働いているように思われるかもしれませんが、私の実働は週に2日、合計10時間ほど。それで年収は１０００万円以上あります。仕事以外の日は、ショッピングをしたり、読みたい本を読んだり、ときには再放送のドラマを見たり、友人とランチに行ったりしています。

もちろんブログの更新や仕事のアイデアを考えることは毎日のようにしていますが、これは私の趣味。もしお金が1円も入らなかったとしてもやりたいことなので、仕事という認識が自分の中であまりありません。

今でこそ、こんな風に仕事もプライベートも楽しむ毎日を送れていますが、私がまだ会社員だったころ、「セックス・アンド・ザ・シティ」のサラ・ジェシカ・パーカー演じるキャリー・ブラッドショーのライフスタイルに、とても憧れていました。毎日満員電車で通勤し、上司の機嫌を伺って仕事をしていた私にとって、キャリーの生き方は憧れそのものでした。

時間にしばられることなく、平日でも気のおけない友人たちとカフェでブランチ。おしゃれな洋服に身を包み、気の向くままにショッピング。オフィスといえば自分の部屋の素敵なデスクか、コーヒーショップの窓ぎわの席。自分らしい部屋に住み、大人の恋愛を楽しむ。

「あんな風に生活できたら、どんなに素敵だろう」と、夜な夜なビデオショップからレンタルしてきたＤＶＤを見ていたことを覚えています。

そしていま、私の生活はあのころ憧れていたキャリーのライフスタイルそのものです。時間に縛られることなく、好きな服を着て好きな時に仕事をする。少し息が詰まったら、パソコンを抱えて近くのスターバックスコーヒーへ。映画版に出てきた「ビッグがコーヒーショップのお会計をするように一緒に住むマンションを買ってくれた」というくだりまで、現実になりました。信じられますか？

「たくさん稼ぎたいけれど、可愛い女性でいたい」

という私の思いは、自分で起業をするという形で叶えられることになりました。

本のタイトルにもした「年収１０００万円」は私が起業した当初の目標金額でした。なぜ１０００万円だったのか……。なんとなくキリが良くて、それくらいあったら自分の欲しいものがある程度自由に買えそうだったから。そんな単純な理由だったと思います。

年収１０００万円以上が現実になった今、自分のやりたいこと、行きたいところ、欲しいものに、前よりもガマンする事が少なくなりました。選べる選択肢が増えたように感じます。

理想の年収は人それぞれだと思いますが、あの頃の私が想像した豊かな生活は、なんとなく年収1000万円で叶えられると信じていました。だからそんな思い入れのある「年収1000万円」を今回の本のタイトルにしました。

この本では、私が実際にやってきたことを惜しみなく書いています。考え方、ライフスタイル、テクニック、それらを6つの章にわけて、私のワークスタイル・ライフスタイルに欠かせないお気にいりのモノたちとともにご紹介していきます。

理想の生き方・働き方で、理想の年収を手に入れるには、

- 自分を知る（自分が何を求めていて、何ができるのかを知る）
- 未来を設定する（こうなったら最高に幸せ！　という未来を思い描く）
- 行動する（ポンポンと球を軽く投げる）
- お金のマインドを変える

♧好きなことをとことんやる

♧自分自身を信じる（自分の価値を自分が認める）

ということが大事です。さあ、好きなことをして思い通りの人生を生き、理想の年収を手に入れる用意はできましたか？

「好きなことを好きな時に好きな場所で好きなだけ」

私が心から願い、実現させたこのワークライフスタイルで、一人でも多くの方に豊かさと幸せが広がったらうれしいです♡

２０１５年６月

宮本佳実

可愛いままで年収1000万円

目次

第2章

第3章

最終章

水曜日のブランチはルブタンを履いて

装幀　豊原　二三夫（As 制作室）
写真　スタジオ Sparkle
DTP　NOAH
校正　鷗来堂

第1章

スターバックスの甘いラテ

～あなたの甘い未来を可愛いまま設定しよう～

私はブラックコーヒーが飲めません。完全に紅茶党。
でもスターバックスコーヒーが大好きです。
オフィスのデスクで煮詰まったら、パソコンを持って近くの
スターバックスコーヒーへ。
お気に入りのノートも忘れずに。
パソコンに向かったり、自分と向き合ったり
今考えている事をノートに書き出したり……。
そんな気ままな時間のお供は甘いラテ。
「ブラックコーヒー片手に仕事」
というのもカッコいいな〜と憧れるけど、
やっぱり自分の心地よさが大優先。
甘いラテが、仕事を甘い時間にしてくれます。

そう「仕事」は苦いものではなくて、私にとっては甘いもの。
あなたにとって「仕事」とはどんなものですか？

「可愛いまま稼ぐ」と決めちゃおう

私の仕事のコンセプトは、「可愛いままで起業できる」。毎日更新しているブログのタイトルも同じです。

この「可愛いままで」って、どんな意味だと思いますか？　私が掲げている「可愛いままで」とは、「自分のままで」「女性らしく」という意味です。

自分を変えることなく、すごい人になろうとするのでもなく、ましてや男性と肩を並べて頑張ろうとするのでもなく、女性である自分のそのままの姿で起業できる♡

ということ。

すごい人になんてならなくていい。違う人になる必要もない。私のままで最高の幸せと豊かさを手に入れることに意味があると思うのです。私も以前は、

「起業するならバリバリ働かなきゃ！」

「1000万円稼ぐなら、休む暇もなく仕事の予定を入れなきゃ！」

そんな風に思っていました。実際に家に帰る前に疲れてカフェで眠ってしまうくらい、仕事を入れていた時期もあります。


私は24歳の頃から会社員と並行して司会のスクールに通い、デビューしました。そしてその後すぐに結婚し、会社を辞めました。結婚後は、司会者と所属していた司会事務所のマネージャーを兼務していたため本当に忙しく、ブライダルのオンシーズンになると、月に休みが2〜3日しかない状態でした。

司会者というのは人気商売。だから仕事がないことが不安になる。「仕事があることが人気のバロメーター」そんな風に感じていました。そのため、自分のプライベートの予定よりも仕事優先。手帳を見るたび息が切れそうになるくらい、仕事を詰めていたのです。

休みの日でも仕事の電話が鳴るのは日常茶飯事。クレームの電話や緊急の電話もかかってくるので、着信があるたびにビクビクしていたことを覚えています。でもそんな毎日でも「仕事が忙しい」ということ、それが人生の充実感につながっているような気がしていました。

28歳でパーソナルスタイリストとして起業をしたときは、まだ司会の仕事も続けていました。今振り返ればその時が一番忙しかったなと思うのですが、ただでさえ忙しい司会とマネージャーの仕事の合間に、新しく始めたパーソナルスタイリストの仕事の予約を入れる。

もちろん、起業当初はそんなにたくさんの予約が入るわけではありません。でも、実働をしていない時でも家に帰って毎日夜遅くまでブログを書き、マーケティングの研究をし、24時間お仕事モード。その時は夢中だったのですが、きっと私らしくなかっただろうな、と今振り返ると思います。もともと「ガツガツ」することに慣れていないので、そういう働き方は続かないのです。

「こんなに自分の時間も全くとれない状態で、例え1000万円稼げたとしても果たして私は幸せなの?」と疑問に思ったことがあります。自分の「幸せ」「豊かさ」「自分の生きたい人生」ってどんなものだろう……そんなことを真剣に考えるようになっ

たのです。そして私が出した結論は、

「私は私のままで女性らしく働いて豊かになりたい」「自分が心から楽しい！　素敵！　と思うライフスタイルを送りながら、自由に働きたい」

というもの。ここから「可愛いままで起業できる」というコンセプトが生まれました。女性が女性であることを生かしながら、楽しく幸せに、そして自由に働けて、豊かになることを想像したら、とても幸せな気持ちになったのです。「これを広めるしかない♡」。それを誓ったのが30歳を過ぎた頃でした。

私の「大好き」が誰かをハッピーに♡

人と競争するのも苦手で、プレッシャーを感じると余計にモチベーションが上がらなくなる私。それに気がついたのは、高校を卒業してすぐ、オープンしたばかりの百貨店で、洋服の販売員として働き始めたときでした。

大手アパレルメーカーの契約社員という形で、時給800円くらいだったと思います。そのとき同じ時期に入った同僚がたくさんいたのですが、私は同僚たちよりも1ヶ月ほど後に入ったので、シフト表の名前の順番が一番下でした。一番下っ端なわけです。

半年ほどして店長に呼び出されて言われました。「宮本のすぐ上に名前があるAさんは『宮本には負けたくない』って言っているよ。宮本はそういう気持ちある?」と。その時「特にない」と思ったのです。仕事はちゃんとやりたいし、自分が納得するようにきちんとこなしたい。でも、あの人に勝とうとか、Aさんより上にいきたいとか、そういうことにはあまり興味がなかったんです。

人からあれこれ言われるのも好きじゃない、私のペースでやって認められたい、なんて調子のいいことをいつも考えていました。だから私は会社員時代、あまり出来の良い社員ではありませんでした。

特にキャリアがあるわけでもなく、何か良い成績を残したということも一切ありません。本当に普通のＯＬでした。そんな会社員時代には何の評価も受けなかった私でも、起業し、今とても楽しく働くことができています。

なぜだと思いますか？

それは「好き」を仕事にしたからです。

私は昔から外見にコンプレックスを持っており、洋服が大好きでした。洋服は私の強い味方。おしゃれをすることで、少しでも可愛くなれるような気がしていました。だから、洋服のショッピングとファッション雑誌を読むことが何よりの趣味。何時間でも飽きることなく楽しくできることだったのです。

私は28歳で起業をしたとき、それを仕事にしました。おしゃれが苦手な方にファッションコーディネートをアドバイスする、パーソナルスタイリストという仕事です。その日から私の趣味は仕事になりました。

大好きな洋服のお買い物は、お客様と一緒に「ショッピング同行」としてお供して、似合う洋服を選んで差し上げるサービスに。食べることよりも優先していたファッション雑誌を読む趣味は、「自分の読むべき雑誌がわからない」という方へ、ぴったりの一冊をご提案するサービスに。

雑誌を毎月読み漁っていた私にとって、それは息をするように簡単にできることでした。その人を見れば「この人にはこの雑誌が一番参考になるだろうな」ということが瞬時にわかるのです。

これは、私にとってはどれだけやっていても飽きない、楽しくて最高の趣味。それが仕事になったのです。もちろん私は夢中になりました。

「どうやったらこの方はもっと綺麗になるだろう」

「他にどんなサービスを作ったら、もっとおしゃれを楽しんでもらえるだろう」

そんなことをワクワク考える日々でした。好きなことだと、どんどんエネルギーが湧いてきます。**それは「努力する」というより「夢中になる」という感覚でした。**それを仕事にしたら、会社では評価されなかった私のことを必要としてくださる方がたくさん増えました。

そう、私の「好き」が誰かの「ハッピー」になったのです。こんなに嬉しいことはありませんでした。周りをよく見渡してみると、楽しんで仕事をしている人たちはみんな、この法則を使っています。

歌を歌うことが大好きな「歌手」の人は、自分が歌うことで誰かを「ハッピー」にしている。人の話を聞くことが大好きな「カウンセラー」は、人の話を聞くことで誰かを「ハッピー」にしている。野球選手は大好きな「野球」をすることで、誰かを「ハッピー」にできている。

みんな自分の「好き」に夢中になることで、知らない誰かを「ハッピー」にしているのです。

先ほど、私はプレッシャーを感じることが嫌いということをお話ししましたが、逆に「プレッシャーを感じた方がやる気になる」という方もいるでしょう。自分はどういう時にモチベーションが上がって、逆にどういう時に下がるのか、自分のやる気の入るスイッチはしっかりと知っておく必要があります。

あなたの「好き」は、これから誰をハッピーにするのでしょう？ それを考えると、とってもワクワクしてきませんか？

「なぜかできちゃう」を仕事にする

私の特技（その人にあったコーディネートを選ぶことや、ファッション雑誌をお勧めすること）を仕事にしたことをお話ししましたが、私は仕事にする前から友人などを見て、「この子にはこういう服のほうが似合うのにな」、「髪型をこう変えたら、もっと可愛くなるのに」と、自然と思うことがありました。パーソナルスタイリストの勉強をする前から、そうした能力が元々あったことになります。

みなさんにも誰からも教えられていないのに、なぜだか上手くできちゃうことってありませんか？

なぜか料理が上手に作れる
なぜか歌が上手に歌える

なぜか手先が器用だ
なぜか絵がうまい
なぜかお店の予約がベストチョイスでとれる
なぜか部屋のセンスがものすごく良い
なぜかお得なものが上手に買える

誰かから教えてもらったわけでもないのに、できてしまうことって、誰にでもあると思います。それが私にとっては「似合う服を見つけられること」でした。

私がもし、料理教室を開こうと思っていたら確実に失敗していたと思います。もともと料理が得意ではないですし、普通に自炊はしますがセンスがありません。

こんなことがありました。パーソナルスタイリストのお客様とランチをしているときのこと、「いつも佳実さんに洋服をコーディネートしてもらって大満足なんですけど、自分で選ぶとやっぱり上手く選べなくて。前よりはもちろん選べるようになったけど、なかなか佳実さんのようにはいきません。いつになったら佳実さんのように洋服が選べるようになりますか?」と、聞かれたのです。

その質問に私も「うーん、どうだろう」と思ったのですが、そこにランチが運ばれてきました。それを彼女が一口食べた時、「これ美味しい～。調味料は醤油とオリーブオイルと……。家でも作れそう!」と言ったのです。その時私は思いました。私は外で料理を食べて、そこに何が入っているかと考えることはまずありません。ましてや、家で作ろうなんて思うことすらないのです(笑)。

でも、街でおしゃれな人を見ると「あーやって、アレとコレを合わせるのね。私も持っているあのアイテムとコーディネートしてみよう」と、瞬時に頭の中で計算しています。そう、これは先天性のものだと思うのです。

何気なくできること、人よりも上手くやれること。大袈裟ではなく、これは才能です。その方は料理を食べてそれを分析し、家でつくるのは普通のことだと思っていましたが、私からすると、とんでもない才能なのです。

あなたもきっと自分でも気付かない才能を隠し持っているはずです。いえ、隠してはいないけれど、それを才能だと気付いていないだけなのかもしれません。**もっと自**

分に敏感になってあげてください。

「あ、これ人より上手にできちゃう！」

「これ、自然とスルスル上手くいく！」

という、自分の「できる！」をひとつひとつ、拾っていきましょう。その中であなたの才能がどんどん見つかるはずです。あなたの才能が、もうすぐ開花しますね。

「働き方」より「生き方」が優先♡

私の肩書きは「ワークライフスタイリスト」です。初めて耳にされた方も多いことでしょう。私が作った造語なので（笑）。

パーソナルスタイリストという好きなことで起業をして、最初は「頑張らなきゃ！」「生活しなきゃ」と、躍起になっているところがありました。ですが自分の幸せを基準に考えるようになってから、**女性は「どう働くか」よりも先に「どう生きるか」と**

いうことを考えることが幸せの近道なんじゃないか、と思うようになりました。そう、「ライフスタイル」です。

「自分の好きなことを仕事にし、自分の好きな場所で好きな時間に働いて、プライベートもしっかり楽しむ。そんな生き方がしたいんだ！」とはっきりと思ったのです。

それからは自分がどんな生き方をしたいのかを、常に確認するようにしました。

そうしないと、ついつい働き過ぎてしまうのです。「予約が入ったらすべて受ける！」というのがそれまでのやり方で、「この日は休みにしよう」と思っていても、お客様の予約が入ればそちらを優先していました。結果、週に6～7日働くということになっていたのです。

でも「自分がどんな生き方をしたいのか」ということを決めてから、徹底的に自分のワークライフスタイルを自分でプランニングしました（詳細は第4章で）。そうすることで現在、自分の理想とする働き方を実現することができ、実働は週2日となっています。

自分がどう生きるかを決めた上で、どう働くのかを決めていく。それが私の考える

「ワークスタイル」です。

よく「自分が何をしたいのかわかりません。何を仕事にしたらいいのか……」と、迷っている方がたくさんいるようです。そんな時、私は「どんな働き方をするのかを考える前に、あなたはどんな人生を生きたいと思っていますか？」と尋ねます。

私も以前は仕事を探す時、求人紙を片手に条件や待遇で決めていました。「こっちの方が休みが多いな」とか、「いや、こっちの会社の方がお給料が多いな」とか。はたまた「この会社の方が場所的に通いやすいな」とか、求人誌の小さな枠から得られる情報の中で働くスタイルを決めていたのです。

そうやって仕事を決めていたから、いざ就職してみると不満もたくさん出てきました。「こんなはずじゃなかった」とか「こんなに残業が多いなんて！」と。

今の私であれば、まず自分がどんな生き方をしたいのか明確にし、その上でどんな風に働きたいのかを決めます。そこから、働く先や仕事を考えていくのです。

おしゃれが大好きで、ファッション雑誌から抜け出したようなトレンド感あふれる装いのＯＬライフに憧れるＡさんは、丸の内にある都会的な会社に就職することを望むでしょう。

世界中を旅したい！　旅行好きでそれをライフワークにしたいBさんは、キャビン・アテンダントに憧れるかもしれません。

子供との時間を大切にしたいCさんは、家でできるサロンやお教室という選択肢が考えられますね。

私のように自由に生きたいDさんは、場所を選ばず好きな時に働くことを目標にするのではないでしょうか。

自分らしい働き方&生き方。それを私はワークライフスタイルと呼んでいます。そんな、人の数だけ無限に存在するワークライフスタイルの新しい形を提案できたらという思いで肩書きをワークライフスタイリストと名乗るようになりました。

私のワークライフスタイルは私にとっての正解なだけ。だからみなさんにも、ご自分にとっての一番心地の良い特別なワークライフスタイルを、もっと自由な視点で見つけていただきたいと思うのです。

やりたいことを声に出して♡

ここで私が起業前に想像していた「生きたい人生」をご紹介します。それは、今とは少し違うものだったのです。

私が起業したころはまだ「ノマド」という言葉も耳にしない時代。だから自分が知っている範疇のことでしか想像ができなかったので「自分のサロンが持てたらな～」と漠然と思っていました。

自分の好きな白い家具がある部屋で、素敵なお客様をお迎えする。想像するたびにニヤニヤしていました。そう、妄想族です。そのサロンは私のお城。そこでお客様をお迎えするなんて、なんて素敵なんだろうと考えていました。

そして、大好きなファッションを仕事にできたらどんなに素敵だろう……とも夢見ていました。

有名なファッションの専門学校に行っていたわけでも、アパレルの会社のプレスをしていたわけでもない、ただ1年ちょっと百貨店で販売員として働いていただけの私ですが、自分を少しでも可愛く見せようと研究に研究を重ねていました。先ほども述べましたが、趣味といえば雑誌を読むこととショッピング。この2つはどれだけやっても飽きないことでした。

それを仕事にできたらどんなに良いだろう……。

「洋服の買い物が苦手」という人と一緒にお買い物へ行き、アドバイスしてあげたら、きっとその人も喜ぶはず！　と自分の想像は膨らむばかり……。そんな想像から1年、私はパーソナルスタイリストという仕事で独立することになります。28歳でした。

ただ「好き」という気持ちから始まった私の起業人生。「好き」って不思議です。努力が努力じゃなくなる。ただ夢中でその「好き」に向き合っているだけで形になっていくのです。

そうやって起業する中で「もっと自由にもっと楽しく！」と、自分の「好き」や「わくわく」することにフォーカスした結果、最初に掲げていた「サロンを持つ」という目標は全国からお客様が来てくださるほどになりました。

そして今では、「日本中におしゃれ美人な女性を増やす」という私の思いに共感してくれるスタッフが増え、大阪と名古屋で私が作った「ビューティリア」というサロンを引き継いでくれています。

あの頃の私の理想の生き方は、私の夢を超えてスタッフの夢にもなりました。そしてスタッフもその夢を確実に叶えていってくれています。スタッフは言います。「佳実さんに出会って、自分がやりたいことをやりたい！　と言っていいんだ。と思えました」と。そう、みんな自分のやりたいことをやっていいし、行きたい道を進んだらいいのです。そこから**「自分の働き方&生き方」＝「マイワークライフスタイル」**が始まるのだから。

自分の生きたい人生に遠慮なんかしていたらもったいない。

だって自分の人生だもん。あなたの人生はあなただけのものなのです♡

「とりあえず」の選択は今日からNG

自分のライフスタイルをつくると言われても、一体どうやって？　という方も多いかもしれません。自分のライフスタイルをつくる方法、それはまず自分の「好き」に敏感になることです。

慌ただしい毎日を生きていると、自分の「好き」や「嫌い」が曖昧になっていき、色々な選択が「適当」になってしまいます。まずは自分の「好き」に正直になってみてください。そして「好き」をどんどん集めましょう。

「とりあえず」で選ぶものを極力なくし、自分の周りを「好き」な物で満たすのです。**そうやってひとつひとつを選んでいくうちに、あなたの周りにはあなたの「好き」が集まって、あなただけのライフスタイルが出来上がります。**

ひとつペンを買うのにも、とりあえずではなく自分の「好き」に正直に。

ランチを食べるのにも「とりあえず」ではなく、自分の「好き」に正直に。

今日着る服を選ぶのにも「とりあえず」ではなく、今日の自分の気分の「好き」に正直に。

例えば何かを購入するとき、私も安売り商品などを見るとついつい「これお得♡買っておこうかな」と思ったりするのですが、それは値段が安いから買おうと思ったのであって、定価のままだったら買わなかったもの。

「とりあえずこれを買っておこう」ではなく、「これが好きで、これが欲しいから買おう」に、できるだけ切り替えてみるのです。ひとつひとつのことを丁寧に自分に問いかけながら、「好き」を集めてみてください。そうしているうちに、あなたのライフスタイルは自然と出来上がっていきます。

最初は誰か憧れの人を見つけて、その人が身につけているものを少しずつマネさせてもらうのもいいですね。

私はモデルの梨花さんが大好きで、いつも彼女のスタイルブックを読んでいました。梨花さんが選んでいるものはとてもセンスがよく「素敵だな」と思うものばかり。

自分の「好き」の基準がわからなくなったら、憧れの人のセンスを少しだけ取り入れてみるのも、一つの手だと思います。

そうやって試行錯誤しながら、自分の「好き」を集めていくことで、少しずつ自分のスタイルが確立していきます。そんな風に意識して毎日を過ごすことで、ふとした選択も迷わずに「私はこっち」「私だったらこれ」と選ぶことができるようにもなります。自分の「好き」に正直になるのは、自分自身を知ることにつながるのです。

「優柔不断で決断するのにいつも時間がかかってしまう」という方はぜひ、毎日の小さな選択から始めてみてくださいね。「好き」に敏感になるということは、同時に「嫌い」を知るということにもつながります。

この世の中には物があふれていて、選択しなければいけないことが無数にあります。そんな時「私はこれが好きでこれが嫌い」と自分で自分のことをしっかりとわかっていれば、迷うことなく、自分にぴったりのものを瞬時に選択していけるようになるのです。**周りの人から「それって○○ちゃんぽいね」と言われたら、あなたのスタイルが確立しているサインです。**

足りないものは数えない

「私はここがダメだ」「こういうところが、まだまだだな」と、自分の足りないところばかりを見てしまうこと、ありませんか？

その考え方を変えると、驚くほど物事が上手くいくのです！

すべてのことにおいて足りないものにフォーカスしないことが大切です。いまあるものに目を向けてみませんか？　あなたはいま、どんなことに満たされていますか？

働く場所がある
家族がみんな健康
素敵なパートナーがいる
なんでも話せる友達がいる

心地よく暮らせる家がある
美味しいご飯が毎日食べられる

ひとつひとつ自分にあるものを書き出してみると、「こんなに私は満たされていたんだ」という気持ちになります。

私も離婚をしてパートナーもいない時期は、仕事もフリーランスで不安定、おまけに一人暮らし。なんだか自分には何もないような気がして、とても落ち込んでいました。「彼氏もいないし、仕事だっていつまで続けられるかわからないし。このままずっと一人だったらどうしよう、私の人生って……」と考えれば考えるほど「あれもない」「これもない」というマインドになり不安になっていったのです。

そんな時、いま自分に「ある」ことに目を向けてみました。いつも慕ってくださるたくさんのお客様がいる、いつも話を聞いてくれる優しい友達がいる、家族はみんな健康だし、お気に入りの部屋で充実した毎日を送れている。あるものを数えてみたら、自分がとても満たされていることに気がつきました。そうしたらとても幸せな気持ちになり、いろんなものに感謝したくなったのです。

どんな人でも足りないものに目を向ければ、いくらでも数えられます。でも、それをするとすごく不安な気持ちになってしまうのです。

「足りないもの」に目を向けるのではなく、「今あるもの」にフォーカスしてみてください。あなたが今、とっても満たされていることに気がつくはずです。

スタイルブックで妄想する♡

日々生活していると特に予定のない日ってありますよね。私にも何も予定が入っていなくてなんだか「ダラダラしてしまう日」や、「何もやる気が起きない日」があります。

そんな時は自分に問いかけます。

「私はどんな人生を送りたいんだっけ？」

そして自分が理想とするライフスタイルを思い出し、それになりきってみるのです。

そういう場合、まず私は大好きなモデルさんのスタイルブックを見ます。
先ほどもお話ししましたが、私は昔からスタイルブックマニアで、たくさんの人の本を読んできました。いろんな人のライフスタイルやファッションを見ていると、こちらのモチベーションもとても上がります。「こんな風に生活できたら素敵だな」と妄想を膨らまし、それに近づこうとします。

みなさんもぜひ、本屋さんでスタイルブックを開いてみて、「このライフスタイル素敵だな〜、自分の生活にも取り入れたいな」と思うものを購入してみてください。

そこから何かあなたのライフスタイルのインスピレーションが湧くかもしれません。
そして次に、あなたの理想のライフスタイルをイメージします。ここで自分の理想の1日を作ってみましょう。私が以前書いた理想の1日をご紹介しますね。

私の理想の1日♡

8時　目を覚ます　朝日を浴びてヨガ。作りたてのスムージーを飲む
9時　お掃除と洗濯　メイクをして服を着替える

10時　メールチェック　朝のブログを書く
11時　お客様をお迎えしサロンでお仕事
13時　お客様帰られる　サロンの片付けをする
14時　遅めのランチ
15時　スターバックスでデスクワーク
17時　帰宅　ぼーっとする
18時　夕食の準備
19時　夕食
20時　本を読んだりDVDを見たり自由時間
22時　お風呂に入る
23時　ストレッチ・マッサージ
24時　就寝

あらかじめ自分が「こうだったらいいな」という1日をつくっておくのです。私はこれを書いた数ヶ月後、本当にこの生活を送るようになっていました。「決める」ということはこんなに効果があるんだな〜と感心したほどです。ぜひみなさんも、自分の理想の1日を書いてみてください。これをセミナーなどで受講生の方に書いてもらうと、みなさん想像力がとっても豊かで、

「朝、バルコニーでカフェオレを飲みながらゆっくりと読書をする」

「海辺に近い家に住み、大きな犬の散歩をする」

など、かなり具体的に書いてくださいます。

これは具体的な方が、自分の潜在意識にもインプットされやすいので、あなたの望む1日を好きなように詳しく書いてみてくださいね。**書いた後、読み返してみてご自分の気持ちが「ウキウキ」「ワクワク」したらOK**です。「こんな生活だったら最高に幸せ♡」というものを自由に書いてくださいね。

欲張りになるほど、理想の未来は実現する

先ほどのように、ご自分の理想とする未来を書いてくださいとご提案すると、

「今の私で実現できるのはこれくらいかな」

「私だったらこれぐらいが妥当だよね」

という遠慮がちなビジョンを書かれる方がとても多いです。

でも、そうではなく本当に自分が「こうなったら最高に幸せ！」という未来を描くのが自分の理想のワークライフスタイルを送るコツです。

遠慮はいりません。もっと自分の人生にわがままになっていいのです。

いつもみなさんに、「その遠慮は誰にしているのですか？」と聞いてしまいます。

そうするとみなさん「あれ？　一体、誰に遠慮しているのだろう？？」となるのです。

そう、結局自分一人で遠慮しているだけなのです。

せっかく遠慮しても、「遠慮してくれてありがとう！」と、感謝してくれる人はいません。だから、自分が一番幸せを感じる未来を書いてください。だって、あなたが幸せになったら、周りの人をもっと幸せにできるのですから♡

では今書いた理想の1日をもとに、その先に広がる理想の未来（ビジョン）を思い描いてみてください。

あなたはどんな人生を歩みますか？

私はいつもこのビジョンとともに生きてきました。起業をしたとき事業計画書は一度も書いたことがなかったのですが、「こうしたい」というビジョンだけは明確にあったのです。

「自分のお気に入りが詰まったサロンに、素敵なお客様が全国から来てくださる」

「住んでいる家は都会のおしゃれなマンション。お気に入りのカフェが近くにあって、『セックス・アンド・ザ・シティ』のキャリーのように、パソコンを持って仕事をしに行こう」

シングルになってからは理想のパートナーのビジョンもたくさん書きました。


「パートナーとは『大人のおしゃれな生活』を共有する」

「依存するのではなくお互いが自立していてビジネスのことも相談し合える」

「休みの日には一緒の時間を大切にできる相手」

「心からの安心感をくれる人」


そして自分の成長に合わせて、ビジョンはどんどん更新していきます。


「ビューティリアはおしゃれ美人を増やしたい幸せ女子が楽しく運営してくれている！　みんながハッピー」

「優秀なアシスタントさんがいてくれて私の仕事はもっと楽しくなる！」

「ワークライフスタイル本を出版し、各地でセミナーをする。どこも満員御礼」

「長期講座を名古屋と東京で開催する！　みんなが自分の生きる道を楽しく見つけら

れる講座♡　これも満員御礼」

私のビジョンはどんどん更新されていき、それは次々と叶えられていきました。今もなお、ビジョンを増やしています。

私はこのビジョンを、思いついた時にノートに書くのはもちろんですが、「私の未来」というタイトルにして、特に叶えたい願いをスマートフォンのメモ機能にも入れています。電車に乗っているとき、一人でカフェでお茶をしているときなど、ふとしたときに開いて見られるようにするためです。

そうすると、なんだかとてもワクワクして幸せな気持ちになるのです。そして、スマートフォンに入れてある「私の未来」は、ものの見事にすべて叶っていきました。きっと目にする機会が多かったので現実化するスピードが速かったのでしょう。

みなさんも「こうなったら最高に幸せ！」という「私の未来」を書いてみてください。読み返すたびにワクワクするような素敵な未来をです。何度も言うようですが遠慮はいりません。

「今の私には無理そうかも……」と思えるようなことでも大丈夫。1年後のあなたならそれを簡単に叶えられるようになっているから♡

1年後のあなたを信じてあげてくださいね。

あなたの未来に「遠慮」の二文字はいらないのです。

仕事は人生における〝甘いラテ〟

あなたにとって「仕事」とはどんなものですか？　「生活するために仕方なくするもの」「自分を成長させてくれるもの」「やりがいを感じるもの」など、いろいろな答えが返ってきそうですね。

私にとって仕事とは「人生を楽しむためのもの」です。　いわばスターバックスで飲む甘いラテのような存在。私の人生を彩ってくれるものの一つです。こんなことを言ってくれるお客様がいました。

「わたしは佳実さんの考え方が好き。パートナーも仕事も、お金も全部大切！　一つだけ選択して、他を犠牲にする方法は私は望んでいないんです。お金が欲しいのは、旦那さんと愛犬と楽しく過ごしたいから。それを犠牲にしてまでの選択は私にはありません。だから、佳実さんのゆるーいけど、しっかりした考え方が好きなんです♡」

とっても嬉しい言葉でした。目の前のこと（仕事）に夢中になりすぎると、大切なものをおろそかにしてしまうことがあります。本当に大切なものは、一番近いところにあるから、ちょっとくらいほっといても「大丈夫だ」と安心してしまうのです。でも、それは違います。ちゃんと大切にしないとその気持ちは伝わりません。

可愛いままで起業できるとは、女性が女性らしく、自分の大切なものを大切にして、そして、大切な人から大切にされながら起業すること。その大切な人との人生を、スターバックスのラテのようにもっと甘く楽しくしてくれるものが仕事であったらなと思うのです。私は仕事が大好きです。本当にこの仕事に出会えてよかったと思っています。私と私の大切な人の人生をさらに楽しくさせてくれるから。

うん、世界は私に優しい。あなたの人生にラテのように甘くて優しい♡　働き方を。

ワークタイム

人生は苦くて苦しいもの？？
いえ、きっと甘くて優しいもの♡
そんなあなたの未来を次のビジョンワークで
明確にしていきましょう。

あなたの好きを集めましょう。

あなたの行動の中で好きなことを書き出してみましょう。
（例：カフェでお茶をすること、アメリカドラマのDVDを見ること、
彼とデートすること、海外旅行へ行くこと、お菓子をつくること）

次にもうこれはしたくない！
ということも書き出してみましょう

（例：満員電車に乗りたくない、事務作業をしたくない）

次にあなたのライフスタイルをつくる
お気に入りのものをピックアップします。

（例:彼とお揃いの白いマグカップ、ふわふわのスリッパ、ピンクの手帳）

「好き」と「お気に入り」でいっぱいにした、
あなたの理想の１日をたててみましょう。

この先の大きな未来をどんな風に歩みたいのか、
自由にビジョンを描いてみてください。

とびきり甘くて優しい、
あなたの未来が出来上がりましたか？

第2章

りんごマークのパソコンとスマートフォン

～女性らしい「軽やかさ」で理想をすべて現実に～

私の心強い相棒、りんごマークのノートパソコン。

パソコンに向かって思いついたことをカタカタ。

そうすると何千人もの人に自分の思いを届けることができる。

なんて素敵なんだろう。

私が自分のデスクや、いつものコーヒーショップで発信したことが、世界中の人に届くなんて。

そんな嬉しい気持ちや高揚感を忘れないように、
スマートフォンのメモ機能にいれておこう。
ここには、小さなアイデア、叶えたい夢、
彼への思い……全部詰め込んでいる。

新しいスマートフォンに機種を変える頃には、
また新しい私になっているはず。

悩みながら、でも動いてみよう♡

私が起業したのは28歳の時でしたが、「起業するぞ!!」と意気込んでしたわけではなく、事業計画書もまとまった開業資金もありませんでした。

少しさかのぼってお話しすると、高校を卒業して販売員を経験した後、将来のことも考え、20歳を越えた頃には一般企業に転職しました。

朝は息もできないほどの満員電車に30分以上も揺られて出勤。毎朝、この生活から抜け出したいと思っていました（笑）。

8時半から18時まで働き、ランチはコンビニのお弁当を買ったり、同僚と外食したり。土日は学生時代からの友人と遊んだり、彼氏とデートしたり。本当にどこにでもいる女の子でした。23歳くらいの頃だったと思います。

「このまま結婚して、子供を産んで、家のローンが大変になってパートに出たりするのかな。私には資格も特技もないから、アルバイト程度のことしかできないよね……」

「いや！　もっと私にも何かできるはず!!」

「でもそれって何!?」

と、満員電車の中や仕事が暇な時など、ずっと考えていました。これを私は「人生のモンモン期」と呼んでいます。

自分の進むべき道がわからず「でも何か自分にもできるはず！」と思う、でもでも、それが何かわからない……その繰り返し。そういった中で私は「何か女性をキレイにするサロンを開きたい」と思うようになりました。

私は自分を少しでもよく見せてくれる「おしゃれやメイク・お肌のケア」が大好きでした。だから女性ならではの美容に関する仕事がいいな、と単純に思ったのです。エステやマッサージに自分が通っていたこともあるので、「エステサロンをやるのはどうかな」と一人でいつも満員電車の中で妄想していました。

「インテリアは白。素敵なお客様がいつもきてくださって、受付はお母さんか妹にお願いしよう」なんて、ワクワクしながら。

思い立ったら即行動の私はすぐさまインターネットで検索し、エステやマッサージのスクール、当時流行り始めていたアロマテラピーのスクールなどの説明会に行ったり、資料を取り寄せたりと、動いていました。でもなんだか「ピン」とくるものがない。「よし！　やろう！」と思えず、そのまま時だけがズルズルと過ぎていったのです。

そんな折、高校時代からの友人が結婚をし、二次会の幹事を頼まれたのです。その時に人生ではじめてパーティーの司会をしたのですが、何人もの人から「プロなの？」と聞かれました。「もしかして私、喋るのが上手い？」と、調子にのった私は「これだ！」と思いすぐ司会スクールに通い始めます。それから4ヶ月後、司会者としてデビューすることになりました。

「人生のモンモン期」は誰にでも訪れると思います。その時ただモンモンとするのではなく、何か少しでも動いてみることを私はオススメします。

少しでも気になること、興味のあることにはぜひアクションを起こしてみてください。私のように、スクールの資料請求をするとか説明会に行ってみるとか、その程度でいいと思います。アンテナを張りながら動いているうちに「これだ！」と思うものに出会うことができるはずです。

私も最初は「司会」という仕事は考えてもみませんでした。でも「何かやりたいな〜」と動いていたから、周りの人から「司会上手だね」と褒めてもらった時に、「これだ！」とすぐに行動できたのだと思うのです。

何も行動していなかったとしたら、エステサロンやアロマテラピーの方に意識がいっているので、司会を褒められたところで「そうですか。ありがとうございます」と、褒められてただ嬉しいというだけで終わっていたでしょう。あらかじめ動いていてエステやアロマがピンとこなかったこともあり、「もしかしてエステやアロマ以外の何かがあるのかな？」と思い始めていた。だから抜群のタイミングで未来につながるジャッジができたのだと思います。

例えば「いつか素敵な家に住みたいな」と思っているならば、「ここ素敵！」と思う住宅の資料を請求してみてはどうでしょう。それだけでも一つのアクションですし、何もしていなかった時より「素敵な家」に近づいていることは確かです。

一歩と言わず、半歩前に進むだけで見える景色はガラリと変わるのです。

司会の仕事も3～4年目、仕事の指名も増えてきて、会社員時代よりは稼げているかな？　という頃でした。でも司会をしながらも、こんなことを考えていました。買い物が何よりの楽しみで、普通の会社員の方の10倍は服やメイクに散財していた私。前の章でもお話ししたとおり、ファッション雑誌も私にとっては参考書であり教科書。「こんな自分になりたいな」というイメージを探して、素敵なコーディネートを見つけることが楽しくて仕方ない。だから人のも気になる……。そんな時「洋服の買い物が苦手な方のショッピングについていく仕事をするのはどうだろう！」と思い立ったのです。冗談のようですが本気でした。

これを、当時結婚していた主人に相談してみたんです。そうしたら「佳実はペテン師か」って言われました。「誰がお金を払ってまで、〝多分私おしゃれです〟っていう佳実に買い物についてきて欲しいわけ？」って。ごもっともな意見に反論できない私。

でも私は「絶対良いアイデアだと思う！」と一人ブログを立ち上げました。「私と一緒にお買い物にいきませんか」というブログです。アクセスは1日10ｐｖくらいだ

った と思います。

最高でも30ｐｖくらいでした。誰にも気づかれることなくそのブログは消えることになりますが、それでも諦めきれない私は、司会者の先輩に相談してみました。

そうしたら先輩が「パーソナルカラーとか、そういうのあるじゃない？　それの資格をとって似合うものを理論的に説明できれば、その仕事成り立つんじゃないかな？」と言ってくれたのです。

そうか！　と思い、すぐさまインターネットで検索。そうしたら私がイメージしていた仕事は、もうすでに東京ではたくさんの人がやっていたのです。そこから私は資格をとり、パーソナルスタイリストという個人向けのファッションスタイリストの仕事で起業することになりました。

私は今までブログのみで集客してきましたが、最初はアクセス10ｐｖから始まり、さらに誰からも見られることなく消滅……という悲しい過去を経験しています。今では笑い話ですし、その時もそれを恥ずかしいとも思わず、本当にただ夢中でした。次はどんな手があるだろう、どんなアクションを起こせるだろうといつもワクワクしていました。全く見えない未来でしたが楽しくて仕方なかったのです。

最初は小さな、小さな一歩でいいのです。とりあえずブログを立ち上げてみる、フェイスブックで「こういう仕事始めてみようかな」と書いてみる。少し前に進んでみると、意外にその先は歩きやすい道だったりするものです。

投げる球は軽く、そして数を多く!

「やりたいと思っているけれど、でもできない……」

「○○が達成できたら、××をやるつもりです……」

私は起業の相談を受ける事が多いので「起業して、佳実さんのようなライフスタイルを送りたいと思っているけれど、なかなか一歩が踏み出せません」という声をよくいただきます。

そんな声を聞くたびに「うーん、みなさん軽やかさが足りないな」と私はいつも思うのです。私はセミナーや講座でいつも「投げる球は軽く、そして数を多く‼」と、お伝えしています。

みなさん投げる球がとても重く、そして数が少なすぎます。渾身の一球を投げようとするのです。その渾身の一球を磨きに磨いて、なかなか投げられない。なぜなら「絶対に当てなきゃ！」という思いが強すぎるからです。

起業の相談で特に多いのが「失敗したらどうするんですか？」というもの。私の答えは「違う球を違う角度からもう一度投げます」です。

みなさん「失敗したくない。絶対に当てなきゃ！」という気持ちが強すぎて、投げたくても投げられなくなっています。そして、いざ投げたとしても、自分がせっせと磨き上げてきた渾身の一球が当たらなかった時のショックと言ったら……言葉にするまでもありません。

当たらなかったという事はその球が良くなかったか、投げ方が悪かったのです。でも、みなさん投げた自分自身が悪いのだと、自分を否定された気分になってしまう。これは、危険です。決してそうじゃないから。だから、球は軽い気持ちでいくつも投げるのがいいのです。

石橋は叩かずルルル〜♪と駆け抜ける

私もいままで、当たらなかった球がいくつもあります。例えば、あまり人気のなかった講座とかメニューなど、思い出せばきりがないです。最初に立ち上げたブログだって、誰の目にも止まらずに消えていきました。イベントを立ち上げて集客が思うようにいかず、赤字になったことだって一度や二度ではありません。

だからこそ、「あー、こういう価格帯や日程だとあまり反応がないんだな、じゃあ、今度はこういう企画ならどうだろう！」と次の一球を違う角度から投げることができるのです。

そしてこの球は、投げてから進路や速度を調整することもできます。「あ、もう少しカーブかけよう」とか「速度をもうちょっとゆるめよう」とか。だから投げてから考えればいいのです。とりあえず、投げてみる。そしてその後、考えながら進路や速度を調整していく。

「石橋を叩いて渡る」という言葉がありますが、私は基本、全く叩かずに渡り始めます。イメージとしてはバランスをとりながら「ルルル～♪」と駆け抜けていきます。

それをオススメするわけではありませんが、みなさん石橋を叩きすぎて渡る前に割ってしまう……ということがよくあるようです。とりあえず軽やかに渡ってみましょう。たとえ落ちたとしても、もう一回渡ればいい。

球を投げる時も、橋を渡る時も大事なのは女性らしい「軽やかさ」。「重く」なんて可愛いくないですよ。そして、ビジネスに限らず、何か新しいことをする時にはこの軽やかさがとっても大事です。恋愛にもこの軽やかさが必要不可欠！

恋愛に関してもモテる女性というのは、軽い球をポンポン投げられる人です。絶対に狙いたい相手だけに渾身の一球を当てようとすると、だいたい外れます。だって、投げる練習をしていないのですから。

「素敵な人が現れたら本気を出してアプローチするし、自分磨きもするんだけどな」

ではなく、そういう人が現れる前から素敵な自分でいて、その「キラキラ」を周りに放っておきましょう。自分の素敵なところ、女性らしいところ（＝キラキラ）を出し惜しみするなんてもったいないです。どんどんあふれるように放ちましょう。

たとえば、自分が放ったキラキラが、周りの男性に当たらなかったとしてもそれは、あなたのキラキラが悪いのではなく、運命の相手じゃなかっただけ。そうやって過ごしているうちに、あるとき何げなく放った「キラキラ」を運命の人が受け取ってくれるのです。それが運命の恋になるのだと思います。

**ビジネスも恋愛も球は軽く投げる♡
これ、幸せになる鉄則です。**

できない理由、実は「言い訳」

夢を叶える時にとっても大事なことをもうひとつ♡　それは「できない理由を並べ

ない」ということです。新しいことを始めようとする時、ついつい「できない理由」を考えてしまいます。

たとえば「時間がない」「お金がない」「会社が忙しい」「子供がいる」など、やりたいけれど、「〇〇だから今はできなくて」といういわゆる「言い訳」を並べてしまう。そういう時は「できる理由」を考えましょう。「できない理由」を一つ言ってしまったら、「できる理由」を3つ考えてみてください。

週末だったら起業の準備ができるかも！
あの人に言ったら協力してくれるかも！
場所はあのカフェが使えるかも！

など、できる理由も考えると次々と出てくるはずです。そうやって「できる」「やれる」をたくさん集めるとどんどん夢が現実になっていきます。本当に何もかも、小さなことの積み重ねなのです。

何かをつくるときも「いきなり完成！」とはいかないはず。設計図があり、材料を揃えて、一つずつ積み上げていきます。設計図はビジョンであり、「できる」の気持ちは材料です。その「できる」をあなたが自分で積み上げていくのです。少しずつ少しずつ。

どれだけ小さな「できる」という気持ちも、たくさん積み重なって集まれば大きな「できる」になります。それがあなたの未来になっていくのです。どんな未来が完成するか、とっても楽しみですね。

いつもポジティブに最高の設計図をイメージし、キラキラとした「できる」の気持ちを積み上げていきましょう♡

「私にもできそう！」が「できる」のサイン

ブログやメルマガの読者の方から「いつも読んでいます！」というメッセージをよ

くいただくのですが、その中で「佳実さんのブログやメルマガを読んでいると私にもできそう！　って思えてくるんです」ということを書いてくださる方が大変多いです（とても嬉しいです。いつも、ありがとうございます）。

実はその「私にもできそう！」が「できる」のサインなのです！

たとえばあなたは浅田真央ちゃんのトリプルアクセルを見て「私にもできそう！」と思いますか？（フィギュアスケートをやっている方なら「できそう」と思うかもしれませんが……）きっと思わない方が大半だと思います。

そう、自分が絶対にできないことは「できそう」とすら思わないのです。自分ができることというのは、潜在意識のレベルでしっかりとわかっています。だから**「できそう」と感じることは「実現可能なこと」**なのです。

「どうやって実現するか方法はわからないけれど、なんだかできそうな気がする！」こう思えるなら大丈夫。いま目の前にあることを楽しくこなしていき、安心して待つと実現方法が自然とわかる時がきます。

私もそうでした。パーソナルスタイリストとしての仕事が軌道にのり、サロンには全国からたくさんの素敵なお客様が来てくださるようになって、収入も安定してきた頃、ある朝、目覚めた瞬間にベッドの中で突然こう思ったのです。

「あー、今日も楽しい予定しかない。明日も明後日もずっと！！」と。

自分でスケジュールを組んでいるのだから当たり前といえば当たり前なのですが、仕事もプライベートの予定も「これ憂鬱だな」と思うことが何一つないことにものすごく感動したのです。その時に思いました。

「こんな楽しい生活、絶対に独り占めなんてしていたらもったいない！　もっともっとたくさんの人に広めなきゃ」と。

その時、ワークライフスタイリストの仕事が生まれました。

最初はもちろんサロンの仕事もあるので、パーソナルスタイリスト（ファッションの仕事）とワークライフスタイリスト、二足のわらじを履いていました。そうしているうちに、ワークライフスタイリストの仕事に専念したいと思うようになります。でも、愛着のあるパーソナルスタイリストのサロン「ビューティリア」を無くすことにも抵抗がありました。

そんな時はビジョン設定です。やり方はわからないけれど、私の思いを受け継いでくれるスタッフが増えて、ビューティリアの名前でサロンを運営してくれている未来をイメージしました。

「私の思いを受け継いでくれる可愛いスタッフが、ビューティリアを運営してくれている。スタッフも私もとても幸せ」

そうやってビジョンを掲げてから半年後くらいでしょうか。現在大阪サロンのパーソナルスタイリストをしてくれている衣笠たまき（通称たまちゃん）からフェイスブックにメッセージが届きます。「佳実さんにお聞きしたいことがあって」と。

たまちゃんとは友人が大阪でイベントをした時にお手伝いに行った際、スタッフとして参加していて一度だけ会ったことがありました。でも話をしたわけではないし、たくさんのスタッフがいたのでメッセージをもらったときは「どの方だろう？」と思ったくらいの印象しかありませんでした。

その後、ちょうど大阪に仕事で行く用事があったので会って話してみると、「佳実さんの仕事を知った時、私がずっと憧れていた仕事だ！　と思ったんです。それを実際にやっている人がいるんだ！　と感動しました。佳実さんは私のメンターです」と言ってくれました。

すごく熱意があって素直なたまちゃんをすぐに大好きになった私は、「じゃあ、たまちゃん、大阪でうちのサロンやってみる？」と誘ってみたところ、すぐに「やりたいです！」と言ってくれました。そして、名古屋に何度も通い私の知識やテクニックを学んだのち、着々と準備を進めその半年後、ビューティリアの大阪サロンはオープンしたのです。

最初にビジョンを掲げた時には自分のサロンを誰かに引き継いでもらう方法なんて、全くわかっていませんでした。

頭で仕組みやら待遇やらを考えたとしても「じゃあ、これを誰にお願いする？」となり、ふりだしにもどります。そんな時は、自分が望むビジョンだけ書いて、方法を無理に考えるのはやめます。それよりもいま目の前にあることを夢中になって楽しくやることに集中しました。

そうしているうちに、自分が想像していた以上の展開で実現していくからとっても面白いのです。

「できそう！」と思ったら、躊躇せずにビジョンを設定して焦らず待つことが理想の未来を現実にする、とっておきの方法です。

夢が叶う「決めたもん勝ち♡」の法則

専業主婦をしている学生時代からの友達に「私たちと、今こうやって好きなことで働いている佳実と何が違うのかな?」と、聞かれたことがあります。

実際私も「特に違うことってないのでは?」と思ったのですが、しばらく考えて答えが出ました。

答えは「こうなると決めた」ということでした。「決める♡」ということはとても大切です。「決める」ことで自分がこれからどこへ向かうのかがわかり、そうすると何をするのかが自ずと見えてきます。

誰に遠慮するでもなく、自分のなりたいものになると「決める」。それこそが、夢を現実にする秘訣だと思うのです。

なんとなく「こうなったらいいな〜」と思っている人は多いでしょう。たとえば「会社を辞めて好きなことで自由に働きたいな」とか、「有名になりたいな」とか。それを本気で願うなら、そうなると「決めて」ください。あなたの人生なのだからあなたに「決める」権利があります。

あなたの人生はあなたの「決めた」ものになるのです。

今日のあなただって、今までのあなたが選択し、「決めて」きたことの繰り返しで作られています。

未来のあなたも、これからあなたが選択するもの、「決める」ものの積み重ねで作り上げられていくのです。

そう思うと、人生は思った通りなのです。

他の誰のものでもない自分の人生に、もっと責任を持って自分でしっかりとデザインしていきましょう。そうするともっともっと毎日が楽しくなります。

壁の先に新しいドアがある♡

たとえば「こうする!」と決めて進んでいったとしても、いきなり壁が現れることもあります。私にももちろんそういう時があります。特に昨年がそうでした。まだ10名程度のセミナーをしていた時期でしたが、開催すればいつも満席になり、サロンの方もスタッフが頑張ってくれていて、とてもうまくいっていました。すべては私がイメージしていた通り。

でも、なんだか頭打ちな感じで、目指したいところはもっと上の方にあるはずなのに、なんとなくぼんやりとしか見えなくて、そこへは特別な人しか行けない、私にはいつまでたっても入り口すら見えない……そんな気がしていたんです。

そういう時は止まってみます。次の一手を無理して考えるのではなく、いったん止まって目の前にあることを楽しくこなしていくのです。そうしているうちに次の道の入り口が思わぬ形で現れます。

でも次は、その入り口のドアを開けるのにとても勇気がいります。たとえば私の場合でいうと価格を上げたり、新しいセミナーを今までよりも大人数で開催したりすることでした。

「価格を上げたら、申し込みが減るかも……」とか、「こんなにたくさんの人、くるわけない……」など良くないことばかりが頭をよぎります。そして「今でも十分幸せじゃない？　このままでもいいかも……」という気持ちにまでなってくるのです。

こう思うのはなぜかといえば、失敗するのが怖いのです。今のサイズ（私の場合、価格やセミナーの人数）でいけば、ある程度うまくいくことはわかっている。いまの状態はとっても安全。「わざわざ危険を冒してまで次のステージに行くべきなのかな？」そんな風に思えてくるのです。

こんな方もいるでしょう。今、会社勤めをしていて、不満がいっぱいだけど、毎月決まったお給料をもらえて休みもある。自由に好きなことで起業をしたいけど、成功するかはわからない。そう考えると、「新しいことをやりたい気持ちもあるけれど今でも結構幸せじゃない？」と、安全だしこの場所の方がいいように思えてくる。

それで本当に幸せならもちろん良いのです。でも、本当は自由に好きなことで仕事をしたいのに、上手くいくかわからないから、一歩踏み出せないというのはもったいないですよね。

次のステージに行く時にかなり勇気がいった私と同じです。あなたは次に進めます。その価値があるのです。私も「私にはこの価格をもらう価値がある」「私にはたくさんの人がセミナーに参加してくれる価値がある」というのを繰り返し唱えて自分に刷り込んでいきました。

人は自分の決めたものになるとお伝えしましたが、それは自分の決めた価値のものになるということです。自分が自分のことをどう思っているのか。それがとても大事なのです。

あなたの価値はあなたが決めていいのです。あなたにはどんな価値があるでしょう？　それを一度考えてみませんか？

自由or安定、あなたの幸せはどっち？

「自由と安定は相反するもの」。そんな言葉を聞いたことがあります。私自身も今、会社員ではなくなり、自分で起業して好きなことで働いて、欲しかった自由を手に入れました。

会社員のときに比べるとやっぱり「安定」というのは「自由」が増えた分だけ少なくなります。この安定がないことをとても不安に思う時期がもちろんありました。

離婚直後、今よりもっと収入も少なく不安定な中、始めた一人暮らし。実はいつも不安に押しつぶされそうでした。ネットでアルバイトの求人情報を見たことも一度や二度ではありません。

でも、「私はどうしたいの？」「どんな自分になりたいんだっけ？」と、何度も自分に問いかけました。そう問いかけると答えは決まっていました。求人情報の画面を閉じ、自分のブログやホームページの画面へ。

「もっとこうしたらお客様が増えるんじゃないか」

「ブログをこう書くようにしたら、たくさんの人に興味をもってもらえるかな」

来る日も来る日も思いついたことをひとつひとつ、こなしていきました。そんな毎日は私を成長させ、もっと仕事を好きにさせてくれました。

自由が手に入った分だけ、やっぱり安定はなくなったのだと思います。でも、私は「自由」が欲しかった。だからこのスタイルがとても気に入っているのです。

もちろん、「安定」があったほうが安心するし楽しいという方もいるでしょう。そういう方は「安定」を選ぶことが自分の幸せなのです。しっかりと基準を「自分自身」において、常に自分が何を求めているのかを確認してください。**そう、選ぶ自由があなたにはあるのです。**

こんなご質問もよくいただきます。

「今、会社員ですが起業を考えています。やはり起業するときは会社をきっぱりやめて専念するべきでしょうか？」というものです。

これには様々な答えがありそうですが、私はきっぱりやめる必要はないと思います。

今の会社を続けながら、できる範囲で少しずつ始めていき、軌動に乗り始めたら辞めればいいと思うのです。

私にも、たとえばパーソナルスタイリストのサロンの仕事をしながら、今のワークライフスタイリストの仕事に転向したいと思っていた時期がありました。でも数年は二足のわらじを履いての活動でした。そういった中で、サロンの方のスタッフが増え、ワークライフスタイリストの仕事が起動に乗ってきたところで、思い切ってワークライフスタイリストの仕事1本に絞ったのです。

女性は可愛く賢く♡　フェードイン&フェードアウトがおすすめです。

年収1000万円は意外に難しくない♡

起業前、「私、パーソナルスタイリストという仕事で起業するんです」と周りの人に話をすると、「そんなの無理だよ」「何、甘いこと言っているの?」と、たくさんの人から言われました。そう言われるたびに心がポキッと折れそうになっていたことを今でも覚えています。

「やっぱり私の考えは甘いのかな……」と、何度も思いました。でも、私には失うものもなかったし、「失敗したらどうしよう、恥ずかしい」という気持ちも特になかったので、そのまま突き進みました。

そして、当時の私はこうも言っていました。「年収1000万円を目指したいんです」と。これには「そうやって、張り切る時期、私にもあったわ～」と、少し年上のお姉さんから言われたりして……。

きっとみなさんもこれから起業をするとなって、周りの人にそれを言うと「無理だよ」「甘いよ」と言われることがあると思います。でもね、そう、「甘いのです」(笑)。**起業ってね、案外、甘い。そんなに難しく考えなくて大丈夫です。**

そうやってみんなから「甘いよ」と言われたけれど、私はいま「好きなことを好きな時に好きな場所で好きなだけ」を体現しながら、週2日の実働で年収1000万円を実現しています。

もちろん大変な時期もありました。そんな時はいつも自分で描いた理想のビジョンを見て、自分をワクワクさせて新しいアイデアを考えたり、ブログを書いたりしていました。そうやって楽しいと思えることを夢中でやるうちに、ビジョンが現実になっていたのです。これは本当。

いま、何から始めたらいいのかわからないという方は、自分の理想の未来（＝ビジョン）をこまめに見てください。そして自分をワクワクさせてあげてください。

素敵な人とは定期的に会う♡

起業前、自分の未来の相談をすると「そんなの無理だよ」と言われることばかりでしたが、今自分の周りの人に「今後、私はこうしていきたいんです」と話すと、みんな「それ素敵！　佳実さんなら絶対できるよ！」と言ってくれます。そう言ってもらえると、「私もできそう♡」と余計にやる気が湧くのです。

夢を叶える時、私は身を置く環境がとても大事だなと思っています。今、私の周りにいる人たちは自分で夢を叶えてきた人たちが多いので、私が「こんなことをしたい」というと「できるよ！」と言ってくれます。その人たちは「夢は叶うもの」と本気で思っているし、実体験から確信しているからです。

でも「夢なんて所詮夢、叶わなくて当然だよ」と思っている人に同じことを言ったら「そんなの無理だよ」と言われることでしょう。その人にとっては夢を叶えることは「無理、むずかしい」ということになっているので、きっと心配してそう言ってくれてるのだと思います。

もし、今あなたが自分の夢や理想を叶えたいと思っているのなら、すでに自分の夢や理想を叶えている人たちの中に身をおくことをお勧めします。その中にいると「夢は叶うもの」という前提で会話が進んでいきますし、自分の夢もどんどん叶っていくでしょう。

人は周りにいる人たちと同じエネルギーになっていくもの。素敵だなと思う人にどんどん会って、そのエネルギーを感じることが自分を理想に近づけてくれるのだと思います。

そしてこれは私の一番の自慢なのですが、パーソナルスタイリストの頃から周りの人に「佳実さんのお客さんって、本当に素敵でとっても良い方ばかりですね」というお声をたくさんいただいていました。いまも講座に通ってくださる受講生の方はもちろん、セミナーに来てくださる方もみなさんキラキラと素敵な女性ばかり！

じつはこれも、ビジョン設定しているのです。自分のところに来て欲しいお客様のイメージをしっかり書いておきます。そうすると本当に素敵でニコニコしていて、素直で可愛い方ばかりが集まって来てくださる。そんな方々の中で仕事をするのってとっても幸せ。

もし、いまお勤め中だとしても「こんな人に囲まれて仕事ができたら素敵だな」と思うことをぜひ設定してみてくださいね。人間関係ってやっぱりとっても大切。ぜひ自分が心地よいと思う環境をしっかりイメージし実現してくださいね。

ワークタイム

あなたは理想を叶えるために今日からどんなアクションを起こしてみますか？
どんな小さなことでも構いません今日からすることを具体的に描いてみてください。

- 今日からすること
- 今週からすること
- 今月中にすること

あなたはどんな環境で仕事をしたいですか？

・どんなオフィス？
・どんなサロン？
・どんなカフェ？

あなたの理想の仕事スタイルを書いてみてください。

（例：梨花さんのようなファッションスタイルで、
午前中だけ仕事をし、午後は家族との時間）

あなたはどんな人に囲まれて仕事をしていたいですか？

・どんなスタッフ？
・どんなお客様？
・どんな仲間？
・こんな人たちに囲まれ
仕事ができたら素敵！

理想をどんどん書いてみてください。
気がついたら現実に♡

第3章

お気に入りの財布が私の未来を変える

～可愛いままでお金のブロックをスルリと外そう～

お金にはずっと縁がない気がしていた。
でもこのお財布を手にしたとき、
とても心がときめいたのを覚えている。
憧れのエルメスのベアン。

普段、プレゼントなんてくれない彼が、
テレビ出演のお祝いに、とサプライズでくれた思い出の財布。

まだまだ私には分不相応な気がしたけれど、
持つだけでなんだか素敵な気分になれた。

きっと財布って、私とお金をつなぐ特別なものなんだと思う。

お金と「相思相愛」になる♡

私は30歳までずっと「お金には縁のない星のもとに生まれているんだ」と本気で思っていました。

なぜなら、いつも「お金がない……」という状態だったからです。

コンプレックスを言い訳にするのも良くないですが、自分を少しでも可愛く見せたいと洋服をたくさん買う日々。また20代前半まではニキビも多く肌荒れがひどかったので、ちょっとでも効果のありそうな基礎化粧品を買い漁っていました。

そんな毎日を過ごしていると、被服費と化粧品代にお給料のほとんどを使ってしまい、カードの請求額が月給を超える……なんて月もザラだったのです。

「こんなに働いているのに！」

「こんなにお金が欲しいと思っているのに！」

と、お金が無いことにいつも憤慨していました。

20代後半になってからも、司会者としてかなり仕事を入れていたはずなのですが、金銭的には常に「カツカツ」の状態でした。入っては出ていく……の繰り返しです。

友人との会話もいつも「お金ないよね～」「どうやって、やりくりしている？」という話がとても多かったように思います（そう思うと今はそういう会話をすることがなくなりました。）

数年前の「私とお金の関係」はこんな感じでした。

- 「お金がない」が口癖
- お金の残高はいつもギリギリの状態
- 働いているのにいつも自転車操業な毎日
- ブランド物は清水の舞台から飛び降りる気持ちで買っていた
- 「どうやったら20万円で暮らせるか」とやりくりしていた
- 年収1000万円以上の人が周りにおらず、遠い世界のことだと思っていた

手帳を見ると息切れするかと思うほど、仕事の予定を入れていた

今考えても、なんだか悲しい状態です。でも、この時は本気で「お金が欲しい！」と思っていました。でも完全に「お金と仲が良くない状態」だったのです。

今ならわかるのですが、お金と仲良くするには恋愛と同じようにテクニックがいります。それを知れば、簡単にお金と仲良くなれるのですが、数年前の私はそんなことを全く知らないので、私は知らず知らずのうちにお金を遠ざけるようなことをしていたのです。

そのテクニックはこの章でこれからたっぷりとご紹介していきますが、その前にここで今の「私とお金の関係」をご紹介しておきますね。

いつも「お金がある」と思えるようになった

お金に対しての「不安」が著しく減った

大切な人に快くプレゼントを買えるようになった

周りがお金持ちばかりになった
未来の投資に躊躇なくお金をかけられるようになった
実働週2日で年収1000万円を超えるようになった

本当に数年の間の変化ですが、私もだいぶお金と仲良くできるようになったようです。昔はプレゼントを買うのにも、相手がくれたプレゼントの値段を調べて同じくらいの値段のものを買う……ということをしていました。せこいですね（笑）。なんだか人のためにお金を使うときに「もったいない」という意識がはたらいてしまっていたのです。それが今は気持ち良く相手の喜ぶ顔を想像しながらプレゼントを選べるようになったのです。

正直、自分でもここまでお金と仲良くなれるなんて思ってもみませんでした。ましてや「お金に関する本」を自分が書いているなんて夢にも思わない展開です。本当に人生って面白い。何が起こるかわからない♡　だから楽しいのですね。

人もお金も同じエネルギー

では、「お金が欲しい」と思っているのに、なぜ「お金が無い状態」なのでしょうか。まず先にみなさんにお伝えしておきたいのは、「お金はエネルギー」ということです。「?・」と思われた方もいらっしゃるかもしれません。私も最初聞いた時はそう思いました。「何言っているの?・」「お金はお金でしょ?・」と。

みなさんは「オーラ」という言葉を聞いたことがありますか? そう、人から出ているオーラです。私は人のオーラが見えるとかそういうことは一切ないのですが、見える方からは「佳実さんはピンクのオーラがたくさん出ているね」と言われるので、素直に「そうなんだ〜」と受け止めています。このオーラは一生変わらないということではなく、その時々で同じ人でも放っている色が変わるようです。

そう、これがエネルギーです。人は知らず知らずのうちにエネルギーを放って生きています。

「あの人はエネルギーが強い人だから一緒にいるとこちらまで元気がでる」とか、「あの人は負のエネルギーを出しているから話していると疲れてしまう」なんて、自然に会話の中でもエネルギーという言葉がでてきますね。そしてお金も私たちと同じようにエネルギーを放っています。

そもそも1万円札というのは約22円で作られているのです。冷静に考えてみるとちょっと高級な紙に、高級な印刷が施されている紙なのです。でも、その22円の高級紙に私たちがそれぞれ1万円という価値をつけているのです。普通のコピー用紙には出せないすごいエネルギーを放っているのがお金です。

お金はエネルギー。私たちもエネルギー。

これがわかったところで、お金のブロックをスルリと外す方法をお話ししていきます。まずはなぜ、お金と仲良くなれないのかをご説明します。

お金に素っ気ない態度をとってない？

「お金が欲しい」と思っているのに、「お金は私と仲良くしてくれない！」と思っている方も多いかもしれませんね。それにはある原因があります。

小さい頃から私たちはこう言われてきました。

「お金は使うとすぐ無くなってしまうのよ！」

「お金は節約しなさい」

「お金を稼ぐってものすごく大変なことなんだよ」

と。そのため、「節約しなきゃ！」「無駄遣いなんてしてはいけないんだ！」「使うとすぐ無くなってしまうからもったいない！」という考えが刷り込まれています。さらに、

「楽してお金を稼ごうなんて思ったらダメなのよ！」

「やっとの思いで手にするのがお金というものなの」

「お金をたくさん持っている人はなにか悪いことをしている」というような、世間のお金のイメージもどんどん蓄積されていきます。

そのため「お金が好き♡」なんて言ったら、がめつい女だと思われそう……、「お金が欲しい」なんて卑しい言葉、言えない！！　と、思っている女性は多いでしょう。

私もその一人でした。本当は「お金が欲しい」と思っているのに「お金より愛だよね」なんて言っていたのです。私は「そんなにお金、お金って言わないから」というような「お金に興味ない清楚キャラ」を演じたりしていました。

あなたももしかしたら、本当はお金と仲良くしたいのに、お金が欲しいのに、「私は可愛い女の子だからお金になんて興味ありません♡」という態度をとっていませんか？　**実は、その素っ気ない態度こそがあなたからお金を引き離しているのです。**

先ほど、お金も私たちもエネルギーということで、とても似ている存在だということをお話ししました。なので、ここではわかりやすく、お金を擬人化してみなさんにご説明しますね。

お金を異性に例えます。この本を読んでくださっている方は女性の方が多いので「男性」ということにしましょう。もし、男性が、「君のことが好きだ！」とアプローチしてくれていたとしても、こちらが「あなたには興味ありません」と素っ気ない態度を取ってしまっていると、向こうも諦めてしまうということがありますよね。これ、実はお金も同じなんです。

そしてさらに、ここで衝撃の事実をお伝えします。**お金は肉食男子ではありません。今、流行りの「草食男子」です。**素っ気ない態度をとっていても、グイグイとアプローチしてくる肉食男子とは違い、「私、あなたに興味ないの」と言ったら、「だよね……」と肩を落として離れていってしまうのです。

【草食男子お金くんの特徴】

来るもの拒まずなところがある
恐ろしく素直
「好き♡」といえば素直に寄ってくる
「興味ないの」といえば本当に離れていってしまう

相思相愛になると、一度離れても戻ってくる
疑うとすぐいじける

どうでしょう。みなさんはお金を肉食男子だと勘違いしていませんでしたか？　表向き「お金に興味ないの♡」と言っていても、「お金が欲しい！！」と思っているのなら、気づいてくれると思ったら大間違いです。草食男子であるお金は相当鈍感なのです。

お金には先に「好きよ♡」と告白する

さあ、これまでお金に対して素っ気ない態度をとってしまっていたあなたも、今日から「好きよ♡」と素直に告白してみましょう。本物の男性との恋には駆け引きが必要ですが、お金の場合は素直に告白したもの勝ちです！　そして「お金も私のことが好きなんだ」と自信のある態度でいることが大切。

「私なんてモテないし……」と言っている人は本当にモテないのです。たとえ容姿端麗とはいえなくても「私、すごくモテるのよ！」と、言っている人は本当にモテます。お金の場合も一緒です。「私はお金にモテて当然の女性よ」と振る舞いましょう。

私にはこれくらいが分相応だから……
お金が欲しいなんて私が言うのは気がひける
お金に好かれる人なんて、きっと一握りだよ

という、思い込みは今日から捨ててしまいましょう。

私はお金にモテる価値のある女性！
素敵な洋服やバッグを身に纏う素晴らしい女性だ

と、自分の価値を自分であげていくのです。このマインドがしっかりしてくると、

お金にモテるだけではなく、お金持ちの男性にもモテるようになります。自分の決めた自分の価値通りに、本物の自分も出来上がっていきます。

さあ早速、自分に自信を持ち、お金くんに「好きよ」と告白をしましょう♡　そうすることで、お金はすぐにあなたの味方になってくれますよ。

お金は気持ちよく手放す♡

お金が入ってくるときはニコニコしているのに、なぜか使う時は「もったいないな〜」「手放したくないな〜」と思ってはいませんか？　**「もったいないな〜」というエネルギーをのせてお金を出すと、出す間口をギューッと狭くして出しているのと同じになります。**

「もったいない」と思うということは、出し惜しみしたくなるということ。間口がギャーッと締まってしまって、ちょろちょろとしかエネルギーを出せなくなります。そうすると、入ってくるときもちょろちょろとしか入ってこなくなるのです。なぜなら、入ってくる間口と出ていく間口の大きさはほぼ同じなのです。

お金持ちというのは、節約家の人だとしても、大きな投資をしていたり多額の融資を受けていたりします。出すときも入ってくるときも大きいのです。**だからもったいないと思わず、気持ちよくお金を手放すこと。**これはとても大事なことです。

「お金がない」は禁句です♡

これは私も以前、二言目には「お金がないな～」と言っていたので、言いたくなる気持ちがすごくよくわかります。私は昔から「お金」に関する本を何冊も読んでいましたが、そこにはやっぱり「お金がないと言ってはいけない」と書いてありました。

では、なぜいけないのでしょう。お金や私たちはエネルギーを発するとお伝えしましたが、もちろん言葉も私たちが発するエネルギーです。みなさんはこんな実験をご存じですか？

花に「きれいだね」「可愛いね」と毎日語りかけると綺麗に咲き続け、反対に「バカ」「嫌い」などの言葉を毎日かけ続けると、通常よりも早く枯れてしまうというものです。同様にみかんにポジティブな言葉とネガティブな言葉をかけると、ネガティブな言葉をかけたほうが早く腐ってしまうのです（インターネットなどで検索すると実際の実験画像が見られると思いますが、よかったらご自宅で実験してみてくださいね）。

そう、言葉にはエネルギーが宿っているのです。「お金がない」という言葉のエネルギーはネガティブな感情にのっていることが多いでしょう。私たちも植物やみかんと同じ。ネガティブな言葉のエネルギーを浴びせられると、その通りになってしまうのです。

「お金がない」と言えば本当にその「お金がない」状態になってしまうのです。**だから今日から「お金はある♡」と言ってみましょう。今はなかったとしても「ある♡」と言ってみてください。そのエネルギーをしっかりと浴びることで、「お金がある」自分が作られていくのです。**

これに気付いた時から私はネガティブな言葉を発するのがとても怖くなりました。だって発した言葉はそのままダイレクトに自分を作っていくのですから!! 反対に考えればポジティブな言葉を発していれば、それだけ自分自身も良い方向に向かわせることができるわけです。

だからぜひ、**今日から「お金はある♡」と言ってみてくださいね。** 人前で言うのが恥ずかしかったら一人の時でももちろん構いません。「私はお金に愛される素敵な女性♡」と唱えてみてください。

苦労せず楽しんでお金は稼げる♡

お金を出すときになぜ「もったいない」と思ってしまうのでしょうか。それは「お金は頑張って働いて手にするもの」＝「労働の対価」だと思っているからです。

毎月、満員電車に乗って遅くまで働き、好きでもない仕事をしてやっとの思いで手にしたお金。だとしたらそれを、手放すのはもちろん「もったいない」と思うことでしょう。手放してお金がなくなったら、またその大変な労働をして稼がなければならないのですから。

小さな頃から「お金は苦労して働いて手に入れるものなのよ」と、言われて育った私たちはそれを疑いません。頑張って我慢して働き、お金を稼がなきゃ！　と思っているのです。「苦労せず楽しんでお金を稼ぐなんて間違っている」とまで、思う方もいらっしゃるかもしれませんね。

もちろん、好きなことにも努力は欠かせませんし、楽をしてお金を儲けられるということではありません。スポーツ選手は大好きなことでたくさんのお金を手にしている人たちですが、同時にすごい努力をされていると思います。でもそれは好きだからそれだけ努力できると思うのです。

好きなことを仕事にすると、楽しいことをしてお金が入ってくるので、手放す時も「もったいない」という気持ちがなくなります。だって、もしお金がなくなったとしてもまた楽しいことをすればいいのですから。

例えばあなたにとって「お金を払ってでもしたいこと」は何ですか？私だったらアイデアを考えたり、こうやって執筆したりすることはお金を払ってでもしたいくらいのことです。それを仕事にすれば「またあの楽しいことができるんだ！」という思考になり、お金を手放すことがこわくなくなります。

お金はエネルギーと交換できる♡

お金はエネルギーなので色々なエネルギーと交換することができます。例えばこんなエネルギーと交換できます。

労働のエネルギー

（いま会社で大変な思いをして働いている方は、労働のエネルギーとお金を交換しているかもしれません）

わくわくのエネルギー

（例えば歌手の人などは、歌うことが好きでワクワクしながら歌っていることが人を元気にし、その分がお金というエネルギーで返ってきていますね）

悪のエネルギー

（詐欺など人を騙すエネルギーでも、お金と交換することが可能です）

どれとも交換可能なのが「お金」です。お金に「良い」「悪い」はありません。たとえ人を騙すような悪いエネルギーだとしても、そのエネルギー量が大きければ、たくさんのお金と交換することができてしまいます。詐欺などをする人はこのエネルギーを使っているのだと思います。

お金への「省エネ」モードはNG！

お金がたくさん入ってくるか否かは、エネルギーの「良い」「悪い」という質の問題ではなく、量で決まります。

大きなエネルギーを使えば、たくさんのお金が入ってきます
小さなエネルギーを使えば、少しのお金しか入ってきません

先ほど出てきた「わくわくのエネルギー」と「労働のエネルギー」だったら、「わくわくのエネルギー」の方は楽しくてしかたないので、知らず知らずのうちにたくさんのエネルギーを出していますね。

好きなことを夢中でやっていると、時間が経つのも忘れてしまいます。打ち込んで大きなエネルギーを使っていると、その分の大きなエネルギーが「お金」と交換できるのです。

反対に、**エネルギー量が少ないと少しのお金しか入ってきません。**もし、いまの仕事が好きではなく、仕方なく働いていたりすると働き惜しみをしたくなりますね。「同じお給料をもらうのなら、たくさん働くと損だな」なんて思ったりもして。いかに上手に自分の仕事量を減らそうかな、なんて考えたりするものです。

でもその時のエネルギーは完全に省エネモードなので、入ってくるお金も少しの量になってしまいます。自分が出したエネルギーとの交換、ただそれがお金を稼ぐということだったのです。

私も起業したてのころは、お金をもらうことにとても抵抗がありました。それまで会社員の時は、毎日働いて決まった日にちに月1回振込まれていましたが、起業してからは、個人の方向けのファッションサービスの仕事をしていたので、お客様から直接現金を受講料としていただいていました。

そんな時、なぜか「申し訳ないな」という思いが捨てきれませんでした。その時はまだ私も「お金=労働」の対価だと思っていたのです。

「大変な思いをして稼がれたお金をいただくなんて申し訳ないな」という思考が、なかなか抜けませんでした。だからいただくときも、少し遠慮がちになってしまいます。その考えが変わったのは、ある気づきがあってからでした。

「お金とはなんだろう」と本気で考えていた時に、ふと思ったのです。「あれ？　お金って単なるエネルギーの交換なんじゃない？」と。「じゃあ、私は何のエネルギーとお金を交換しているのか」と考えました。そうしたら答えはすぐに出てきました。「愛のエネルギーだ」と。

私はサービスを受けてくださる方に「もっと綺麗になってくださいね〜♡」「もっと素敵になれますよ〜」という愛のエネルギーを送ります。そのエネルギーとお金というエネルギーを交換しているだけなのです。

なぜか、私の発する「愛のエネルギー」よりも「お金」の方が価値があると思っていたのですが、そんなことはなく、**私の「愛のエネルギー」といただく「お金」は同等の価値**なんだと確信しました。

もし、同等でないのだとしたら提示した金額を高いと思い、お客様の方は私のサービスを受けることはないでしょう。そのエネルギーの交換に気づいてから、私のお金の流れは変わりだしました。お金がどんどん循環するようになったのです。「お金はエネルギーってこういうことだったんだ！」と、改めて実感した出来事でした。

私は今も、みなさんに愛のエネルギーを届けようという気持ちで毎日仕事をしています。セミナーや講座でお話しするときも、ブログを書くときも本を執筆するときにも、愛のエネルギーをたくさんのせてお届けしています。

私は情報を発信したり、自分の考えをお伝えするということが主な仕事となっていますが「出し惜しみしない」というのがモットーです。よく「自分のアイデアや考え方を盗まれたり、他で使われたりするのが怖いです」という相談を受けますが、素敵なアイデアや役立つ情報をずっと自分の中に隠し持って、日の目を見ないことの方が私はよっぽど怖いです（笑）。

それよりも**愛のエネルギーにのせて、自分が「素敵だ」「これは良い」と思ったものはどんどんシェアしましょう。**独り占めするなんてもったいないのです。

これもエネルギーの交換です。先にたくさんの情報（エネルギー）を出すことによって、良い循環が生まれ、そこから大きな仕事が舞い込んだり素敵な出会いがあったりします。そして結果的にお金というエネルギーとして入ってくるということも多々あります。

自分の持っているもの、情報も愛も優しさも才能も出し惜しみせず外に出していきましょう。そうやっていろんなもののエネルギーを循環させることが、豊かさをあふれ出させていきます。

自分の手の内に色々なものを隠し持っているうちは、豊かさがあふれ出すことはないのです。

いい女はお金と彼を疑わない♡

心理カウンセラーの心屋仁之助さんが提唱されている神社ミッションをみなさんはご存知ですか?

私は「こーちゃん」こと本田晃一さんから教えて頂いたのですが、これはご利益のなさそうな古くて小さい神社のお賽銭箱に1万円を入れるというものです（会社経営者や個人事業主の方は100万円を入れられる方もいるそうです）。

私も、それを聞いて早速チャレンジ。その話を聞いたすぐ後にお邪魔した神社で1万円を入れてみました。この時に「1万円入れたのだから、たくさんご利益ください」と思わず、何も考えずにお賽銭箱に入れることに意味があるそうです。

その時に思いました。これは、自分のお金に対する信頼感を試すミッションだなと（もっと深い意味がたくさんあると思うので、ご興味のある方は心屋仁之助さんの著書やブログをごらんください）。

お金を手放そうと思っても、「もったいない」という気持ちが邪魔してなかなか手放せないということはよくあります。それは、このお金を手放したら「無くなる」と思っているからです。そんな時はお金を信じてあげましょう。「戻ってくる！」と信用して手放すのです。

「お金は草食男子」のところでもお話ししましたが、**「相思相愛になれば手放してもちゃんと戻ってくる」のがお金です。もし疑って「手放したら戻ってこないんでしょ？」と思うと、本当に戻ってこなくなります。**

「あなたはまたすぐに戻ってくるよね。いってらっしゃい！」と、信じて見送ってあげましょう。素敵な大人の女性のように。

「行っちゃイヤ!! どうせ、他の人とところに行くんでしょ!!」と、疑ってかかると、戻ってこなくなるのがお金と男というものです（笑）。

お金と彼は疑わない。これ、いい女の鉄則です。

お金と仲良くなれる素敵な財布

みなさんはどんなお財布を使っていますか。**お金と仲良くなるためには、自分が心から「これ気に入っている！」という財布をつかうことが大切です**。黒が良いとか赤が良くないとか、長財布が良くて二つ折り財布は良くないなど説がいろいろあるようですが、これも私はあまり気にしていません。

お財布は自分にとって身近なもの。毎日、目にしますし、触りますよね。触るたび見るたびに、「やっぱり素敵」「このお財布いいな〜」「見るだけでウキウキする」と思えるようなお財布を使うと、お金ともどんどん仲良くなっていきます。

そして、周りのお金持ちの人を見ていて思うのが「これ金運アップする財布なんだよね！」という風にお財布へのこだわりをもっていないということ。もちろんセンスのよい上質なものを使っていらっしゃいますが、赤の財布を使っている人もいるし、二つ折り財布の人もいます。通販で売っているような金運アップ財布のようなものを使っている人は誰一人見たことがありません（笑）。

豊かな自分をしっかりとイメージし「そんな自分だったらこんなお財布を持っているだろうな～」と想像しながらお気に入りのお財布を探してください。バッグからお財布を出すたびに、そんな素敵な自分を演出してくれるお財布に出会えたのなら、それを運命と呼ぶしかありません。

他にもお財布は2年で変えたほうが良いという話もよく耳にします。これも私なら「新しい財布」より「お気に入りの財布」に軍配があがります。

自分が心から気に入った財布は、運命のお財布。

2年経ったからといって無理して新しいお財布を探すよりも、たとえ2年過ぎたとしてもお気に入りの財布と仲良くしながら、新たな運命の出会いを楽しみに待てば良いと思うのです。

そして、お気に入りの財布はきっと大切に使われると思うので、普通のお財布よりも2年たっても綺麗だと思います。

また、お札の財布への入れ方についてのご質問もよく受けます。

人の頭（福澤諭吉など）の方を下に揃えて入れたほうが金運が上がるなどの金運アップ法があるようですが、私は頭を上にして揃えて入れています。

これはどちらでも、ご自分が気持ち良いと感じる方を選んでください。私は頭が上むきに揃っていたほうが気持ちがよく、見るたびに「ウキウキ」するのでそうしています。

また「1万円札」と「5千円札、千円札」は分けて入れるようにしています。お札を入れられる場所が2つに分かれているお財布が多いと思うので、この入れ方はお勧めです。1万円札がザッと揃っているのを目にするのはとても気持ちがいいんです♡

受け取り上手は愛され上手♡

私のお勧めは、常にお財布に10万円以上入れておくという方法です。特に根拠（例えば10という数字が金運に良いとか）などがあるわけではないのですが、お金がたくさん入っている自分のお財布を毎日のように目にするようになると、それがインプットされ「お金がある♡」というマインドがどんどん確立されていくのです。

この方法はブログでもご紹介し、周りの人にも勧めているのですが効果テキメンです！「経営するお教室にテレビ取材が続々とくるようになった」「お金がお財布から減らなくなった」「臨時収入が何度も入るようになった」など、嬉しいお声をたくさんいただいています。

なかでもとっても驚きの体験をしたのが、うちのスタッフの榊原恵理です。えりちゃんは私に言われてからすぐに、この「お財布の中に10万円」を試してくれてミーティングで会った時に「佳実さん、あの方法を試したら臨時収入が入るようになったしお客さまも増えて売上もあがりました！」と教えてくれました。

そしてその数日後、「佳実さん、もっとすごいことが起こりました！　なんと、道を歩いていたら知らない男の人から『この1万円をもらってください』と言われました。一度は断ったけど『僕にとってはあぶく銭だから、あなたに貰って欲しい』と言われて……受け取りました。佳実さんにいつも受け取ることが大事と言われていますし！」と、報告してくれました。

私も少々「それ大丈夫なの？」と心配になりましたが、何事もなくえりちゃんはその1万円をもらったとのこと。このエピソードを私の友人に話したらこんなことをいっていました。

「そういう実験、テレビで見たことある。道端で突然、見ず知らずの人からお金を渡されたら人は受け取るのか、受け取らないのかっていう実験。あれってすごく不思議で、お金持ちの人の方がすぐにもらって、そうじゃない人は貰わずに断るんだよ」と言っていたんです。

その時に「そうか！　やっぱり！！」と思いました。

お金持ちというのは、お金が入ってくることに抵抗感がありません。入ってきて当たり前だと思っているのです。

だからすんなりと受け取ることができます。逆にお金に困っている人は大変な思いをしないとお金は入ってこないと思っているので、いざお金が入ってくるときにも抵抗を感じます。

私もご馳走になったときや、何かプレゼントをもらった時、「悪いな」と抵抗を感じるのではなく「ありがとう」と気持ちよく受け取るようにしています。

そして、また次の機会に気持ち良くこちらがご馳走したり、プレゼントしたりすればいいのです。

エネルギーの交換なので、「もったいない」とか「悪い」と思うのではなく、愛と同じように受け取ったり、こちらもあげたりすることが大事なのだと思います。

受け取ることに馴れることとは、愛されることに馴れるということです。

お金持ちは「満月の魔法」を信じる

満月に向かって財布を振る「お財布フリフリ」という金運アップ法をご存じですか？

私も、何年か前に知ってから毎月ではないですが、**気がついたら家のベランダに出て満月の日に月に向かい、自分のお財布をフリフリしています。**

この時、お財布の中の現金以外はすべて外に出してから振るようにします。そうすることで、1カ月に1回お財布の整理ができるのもとっても良いです。

そして、振っている最中は**「いつもあふれる豊かさをありがとうございます」**と唱えながらするようにしています。私は心の中で唱えるだけですが、もちろん声に出して言っていただいても効果があると思います。

この時に注意していただきたいのが、「臨時収入がありますように」と未来系で唱えるのではなく「臨時収入がありました。ありがとうございます」というように、もう臨時収入があったかのように唱えてください。

このお財布フリフリ、たまに人にお勧めすることもあります。ある50代の会社の社長さんにこの「お財布フリフリ」の話をしたことがありました。会社の業績もよく、たくさんの資産をお持ちの社長さんです。

普通、大人の男性にこの話をすると「ふーん」とあまり乗り気じゃないお答えが返ってくることが多いのですが、その方は「僕もぜひやってみるよ!」とそれから毎月、満月の日にお財布を振っているそうなのです。また、その方はご自分の妹さんにもこの話をされたらしく、妹さんがお子さんと一緒に楽しそうにお財布を振っている動画を私にも見せてくださいました。

このご兄妹は昔からの資産家でとても裕福な家系の方々です。だからお金に対する抵抗感がまったくないのだなと思いました。「お財布を満月に向かい振るだけでお金が入ってくるなんてラッキー!」という気持ちなのです。

この話を普通の人にすると「本当にお財布を振っただけでお金が入ってくるの?」と聞かれたりするのですが、ただ振るだけで自分が特に損することもないのですから素直に信じて、とりあえず振ってみる方がお金に好かれると思うのです。
疑うのではなく、信じる。あなたも満月の魔法を信じてみませんか？

あふれる豊かさをわけあいたい♡

この本を読んで色々とマインドが変わってくると、きっとあなたのお金の流れが少しずつ変わってくると思います。例えば会社員の方がお給料が上がったりするのはわかりやすいですが、生徒さんでも数百万円の臨時収入があったり、親御さんから生前贈与をされたりする方もいらっしゃいます。

そういった大きなお金の流れは「あ、豊かさがあふれ出している！」と気がつきやすいのですが、**小さな循環にも敏感になることが、その後の豊かさをあふれ出させるコツです。**

例えば、「欲しかったノートをお友達からプレゼントにもらった」「会社の上司にご馳走になった」「旦那さんのお義母さんからお米をいただいた」など、見落としがちな豊かさにも敏感になり感謝するようにすると、もっともっと大きな豊かさがあなたになだれ込んできます。

「あー、こんなものか」などと思ったりすると、そこで豊かさがストップしてしまうのです。起業や夢を叶えることなど、すべてそうですが継続することが大事です。焦りは禁物で、すぐ結果が出ないからといって、また「お金がない」と言い始めてしまったら元も子もありません。豊かさマインドをしっかりと継続し、あふれる豊かさを受け取ってくださいね。

私は以前、他の人が自分より得をしているとなんだか「ずるいな」と思っていました。自分よりお給料の多い友人や、お金持ちの旦那様と結婚した友人を「いいな〜」と羨ましく思い、なんだか心から喜べなかったのです。

そんな中、環境が変わり、周りに豊かな人ばかりになった時に気がつきました。**豊かな人は私が豊かになることを、心から喜んでくれるのです。**

みんな自分が満たされているから、人が幸せになることを心から喜んであげられる。

よくテレビで人の不幸を見世物にしているようなものがありますが、今はそういう番組も見るのが苦しくなるほどです。

そういう人たちに囲まれる中で、私も他の人が豊かになることを心から嬉しく思うようになりました。もっと豊かになって欲しいし、もっと幸せになってほしい。そう思うようになると、自分の豊かさもどんどん大きくなっていったのです。

自分以外の人の豊かさを心から喜べたら、次は自分が豊かになる番なんだと確信しました。もし今、あなたが豊かになりたいのなら、周りの人の豊かさを一緒に喜んであげてください。そうすれば、次はあなたが豊かになる番です♡

お金持ちマインドは環境でつくれる

昔と現在で、私が変わったことは考え方や仕事、趣味など色々ありますが一番変わって影響があったのは「人間関係、環境」だと思います。みなさんは、

「自分の周りの人の年収の平均が自分の年収」

というのを聞かれたことがありますか？　もしお金持ちになりたければお金持ちの人の輪の中に入ってみましょう。

昔、学生の頃とても真面目で優秀だった子がヤンキーの子と友達になり、真面目な子まで、いつの間にかヤンキーになっている……というのを目撃したことがあります。そう、人は良くも悪くも順応する生き物なのです。だからあなたも、**お金持ちのお友達が増えると、それに伴いあなたもお金持ちになっていくことでしょう。**だって順応するから。これはとてもイージーでオススメな方法です。

これをセミナーでお話しすると、「どういった所に行けばそういう人たちに出会えるのでしょうか？」と聞かれるのですが、私は起業当初、異業種交流会にたくさん出かけていました。そこにはそれまで自分が出会わなかった人たちがたくさんいて、とても良い刺激になりました。

今はインターネットで検索すれば、自分の住んでいる地域の交流会の情報がたくさん出てくると思います。もちろん女性限定のものなどもありますので「楽しそうだな」

と感じるものに、思い切って足を踏み入れてみると、そこからいろんな世界が広がって行くと思います。

また、私自身も3年前に『「なりたい私」プロジェクト　アクチュアルミー』という女性のコミュニティを友人の赤土千恵ちゃんと一緒に発足させました。その中でイベントやお茶会、セミナーを主催し、たくさんの女性の方にご参加いただきました。それがきっかけで親友になったりビジネスパートナーになったりした方がたくさんいらっしゃいます。

最初の一歩は勇気がいりますが、いざ踏み出してみると拍子抜けするくらい簡単だったりするものです。ぜひ、これから新しい素敵な出会いをたくさんしてくださいね。そして、豊かな人の振る舞いや考え方を身近に感じることで、自分の中に取り入れていくこともできます。

豊かな人は考え方にも余裕があり、人の悪口を言ったりする人が少ない気がします。

自分が満たされているから、人のことを羨んだり妬んだりする必要が無いのだと思います。だからお付き合いしていてとても気持ちいいですし、優しい方が多いのでこちらも優しくなれます。

いくら金銭的に豊かでも、人間的に尊敬できないような人と一緒にいるのではなく、経済的に豊かで優しく「人間的にも素敵だな」と思える人のそばにいると自分もその人に近づいていけるのではないでしょうか。

ちょっとだけ「豊かさの先取り」をしてみる

お金をたくさん手にしたいのなら、そういう自分を先に演出することが大事です。そこでわたしは「ちょっと贅沢する」というのをやっていました。

例えば、部屋に生花を飾る。以前は「お花ってすぐ枯れちゃうしもったいないな」と思っていたのですが、私の理想の生活をイメージするとそこには素敵なお花が飾ってあるのです。それを「豊かになったらやろう」とか「もう少し生活に余裕ができてからやろう」と思っていたのですが、そこは「豊かさを先取り」。先にお花を飾って「イメージの中の私が住んでいる部屋」にしてしまうのです。

また出張の時には「ちょっとまだ早いかな」と思うような時期からグリーン車に乗るようにしていました。これも「豊かさの先取り」です。そうしているうちに、今では無理なくグリーン車に乗れるようになりました。

みなさんも「お金に余裕ができたらやろう」と思っていることを、ぜひ今すぐ始めてみてください。

小さなことからでいいのです。私と同じように「花を買って部屋に飾る」や、「高級スーパーでクロワッサンを買う」でもいいですし、「ちょっとお高めのチョコレートを自分のために買う」なんていうのもいいですね。

そうすると、帰ってからの日常が少しずつ変わってきます。素敵なお花を飾ったことで「もっと部屋を綺麗にしよう！」とお掃除に気合いが入ったりするのです。

高級スーパーでクロワッサンを買ったことで「おしゃれな朝食を作りたいな」と朝早く起きて1日が充実するなんてことも。高級チョコレートを買った日には「その味をじっくり楽しみたい」と、丁寧に紅茶がいれたくなって「おしゃれなティータイム」

を自分でつくることができます。

そう、普通の毎日が少しずつ特別になっていくのです♡　普通の日常に、こういう特別をちりばめると、とても楽しくなります。そうしているうちに、そのプチ贅沢が自分の「ライフスタイル」となり、自分をもっと豊かにしていきます。

「少しだけ贅沢をする、お金持ちになったように振る舞う、自分に投資をする。そう聞いて実践しようと思っても今の生活にいっぱいいっぱいです。今、できることが思いつきません。どうしたらよいのでしょうか」と聞かれることもあります。でも、豊かさの先取りはお金をかけなくてもできることがたくさんあります。それをいくつかご紹介しますね。

お金持ちのようにお金を扱う

豊かな人はお金をどんな風に扱うのでしょうか。お財布をどんな風に開けるでしょうか。お金を払う時、想像してみてください。そして自分は「豊かな人です」という気持ちで丁寧にお金をお支払いします。

「お金がない」と絶対に言わない

少しくどいですが「お金がない」と言わないことが本当に大事です。お金のある人は「お金がない」と言わないからです。「お金持ちのように振る舞う」にはまず「お金がない」と絶対に言わないことから始まると思います。

私も以前は「私、お金ないし」とお金がないことを自慢するように言っていましたが、それは自分のことを「貧乏です」とわざわざ言っているようなもの。それよりも**「いつもキラキラしていて豊かな人だな」、と思われる振る舞いをしたほうが、本当の豊かさにつながります。**

セレブごっこで豊かさを味わう

これは私もよくやっていたのですが、普段行かないような高級ブティックへ買う予定がなくても覗きに行きます。そんな時は「いいな」と思う物をショーウィンドウから出してもらってぜひ手にとってみてください。

もちろん「豊かな人」になりきって。間違っても「お金ないから買えない〜」なんて言ってはいけません。お断りするときも「ちょっと考えます」と言ってお返しすればいいのです。

高級なものに触れ、素晴らしい接客を受けると「豊かさマインド」は知らず知らずのうちにアップします。ぜひやってみてください。

豊かになるために大切なのは「豊かな気持ち」を先取りすることです。行動もそうですが、自分が「私は豊かだな」と先に思うことが大切です。

お金がたくさん入ってから豊かになるのではなく、もう既に豊かさを先取りしていることが本当の豊かさへの近道なのです。

まずは理想の豊かさを思い描いて

あなたが理想とする豊かな生活ってどんなものでしょうか。

これはきっと人それぞれ違いますね。私はまだ起業当初のパートナーもいない時期、自分の理想の豊かさを紙に書いて部屋の壁に貼っていたことがありました。

「都会のおしゃれなマンションの最上階。彼が佳実のために用意したよ！　と言ってくれる。2人で大人のおしゃれな暮らしをする。朝起きて私は素敵な朝食を作り、彼をお見送りする。日中はそれぞれ仕事をし、夜は2人の時間を楽しむ。年3回は海外旅行に行き、デートも欠かさない」と、書いていました。

これはほんの一例ですが、セミナーでみなさんに書き出していただくと本当に素敵な未来をイメージしてくださって私がワクワクするほどです。

「自宅をサロンにしお気に入りの家具を入れ、おしゃれなティーセットでお客様をお迎えする」「大好きな沖縄に移住し、仕事は午前中に終わらせ午後からは自分と家族との時間をゆっくりと過ごす」など、ビジョンと同じように、具体的に書くといいと思います。

私も書いた頃は「どうやって叶うの？」と思ったものですが、今思い返せばすべてがその通りになっているのです（数年の歳月をかけていますが）。だから、**思う存分、**

「自分の理想の豊かさ」を書いてみましょう。

豊かさといっても、何も豪遊しましょう！　と言っているわけではありません。**私が言いたい豊かさは「心地よく幸せに暮らす」ということです。**自分が一番心地よく幸せに暮らせる理想の形はどんなものでしょう。それをしっかりとイメージしてみてください。

それをイメージしたら、次に考えていただきたいのは、その理想を実現するには年収がいくらくらい必要かということです。自分自身の年収でも、旦那様だけの年収でも、もちろん２人合わせた世帯年収でも構いません。

「年収いくら欲しいですか？」という質問に、「１０００万円」と答えたとしても、なぜ１０００万円が欲しいのかはわからないことが多いですよね。「なぜ？」と聞かれても「なんとなく……」と答えてしまいそうです。

だから先に理想の豊かさをイメージします。それから、その生活を実現するには年収でいくら必要なのかを考えるのです。そう考えたほうが闇雲に「〇〇万円欲しい！」と思うよりも実現が早いのです。

「可愛く稼げる自分」をイメージしよう

さて、希望の年収金額を書きましたか？　どれくらいでしたか？　500万円？　1000万円？　もしくは1億円？　ここでイメージしていただきたいことがあります。**その金額を手にするあなたは、どんなあなたになっているでしょう？**

私も、年収1000万円を叶えている自分はどんな姿だろうとずっとイメージしていました。どんな風に仕事をしていて、周りの人からどんな風にみられていて、どんなファッションをしていて、どんな毎日を送っているのか。これを具体的に書き出してみるのです。

ぜひ、あなたもご自分が理想の年収を手にしている時、どんな自分になっているのかを考えてみてください。考えてみましたか？　どんな自分でしたか？　今と同じような自分？　それとも今とはかけ離れている自分でしたか？

先ほどからお伝えしている通り「お金はエネルギー」です。だから、お金を稼ぐということは、エネルギーの交換なのです。私としては「愛のエネルギー」を届けて、そのエネルギーとの交換でお金をいただいているという感覚です。

だから、年収1000万円という事はそれ相応のエネルギーが必要となります。1000万円分、愛のエネルギーを届けているということになるのです。

そう、例えば年収1000万円稼ぐということは「1000万円分のエネルギーを届ける事ができる自分になる」ということなんです！！

多くのお金を得るということは、大きなエネルギーを得るということ。それは自分の放つ大きなエネルギーと交換するということ。ということは自分が大きなエネルギーを出せるようになればいいのです。

年収1000万円を叶えたいなら、「1000万円分のエネルギーを出せる私」になればいい！

ちょっと想像できましたか？？

なんだかキラキラした自分が思い浮かびませんか。そんなにたくさんの愛を届ける

のだとしたら自分もハッピーに決まってますよね♡
さぁ、今日からみなさんも愛のエネルギーをたくさん届けるつもりでお仕事してみてください。会社員の方ももちろん♡　愛を込めてひとつひとつの仕事をしてみてくださいね。お金の流れが変わっていきますよ。

先取り♡　で未来をつくりあげる

理想の年収を叶える自分をイメージしたら、次にやることはこれです。
イメージした自分に今すぐなりきる♡
ファッションも考え方もできるところからどんどん、なりきっていきましょう!!
だって、そのイメージしたあなたは、理想の年収を叶えているんでしょう?　だったら今すぐそのイメージした自分になってサクサク理想を叶えちゃいましょう。それが一番の近道ですよ。

私も本を出す前「本を出版している自分はどんな風かな?」と想像して、それを先取りしていました。

縦書きで文章を書いてみたり、「本を書くならこのアロマを焚いたりしたら原稿進みそう」というのを先に買ってみて、原稿を書く必要はないのに焚いてみたり。先取り先取りで自分の未来を作り上げていったのです。そうやって楽しみながら過ごしているうちに、出版も現実のものになりました。

みなさんもぜひ「なりきる♡」をやってみてください。やってみると意外と楽しいので、オススメです。

お金持ちの男性の本当の魅力

あるテレビのバラエティー番組を見て思ったことがありました。その番組に出ていた男性お笑い芸人の方が「僕に寄ってくる女性は僕にお金があるから寄ってきてくれているんだと思う。それがわかっているし、それでいいと割り切っている」というようなことを言っていたのです。

そりゃ、女性は「お金持ちの男性と結婚したい」と思ったりもします。でもそれって、そのお金を稼げる力のある男性と結婚したいという事で、宝くじが当たって億万長者になった人と結婚したい訳じゃないと思うのです。「男性はそこを勘違いしている……」と思いました。

やっぱりお金を稼げる人というのは、それだけエネルギッシュだし魅力的です。きっと自分の特性をしっかりと生かし、それを仕事にしている人が多いのでしょう。そんな人はきっとイキイキしていて尊敬できる。そういう人に女性は惹かれますよね。お金に惹かれているのではなく、それを稼ぎ出せるその人自身に惹かれるのではないかなと思います。

宝くじというワードが出たので、宝くじについても少しお話ししますね。自分の稼ぎ出すお金というのは基本、エネルギーとの交換なので、自分が出したエネルギー分が返ってきます。

でも、時として自分が出したエネルギー以上のお金が入ってくることがあります。それが、「宝くじに高額当選する」というような出来事です。宝くじに高額当選した人が病気になってしまったり、破産してしまったりという話を聞くことがありますが、それは自分という器に入りきらない量のエネルギーが急に入ってくるので、自分が耐えきれなくなるからです。

自分が出したエネルギーと交換したお金は上手に使うことができます。自分の器に相応のエネルギーが入ってきているから。でも、急に入ってきたお金は自分の器以上のエネルギーなので上手にコントロールできないのです。

たとえば「お金持ちの男性と結婚したい」ということも同じようなことがいえます。自分も同じようなエネルギーでいないと一緒にいても心地よくないのです。いくら「お金持ちと結婚したい」と思っても、総資産1000億円のセレブと結婚したら、自分とはエネルギーが違いすぎて一緒にいてもくつろげないでしょう。

お金も人間関係も自分にあったエネルギーのものを引き寄せます。

もし、エネルギーが高い（お金だったら大きい）人やものに囲まれたいと思ったら、自分のエネルギーを高くしたり、大きくしておくことが必要です。それには先ほどご紹介した理想の自分に「なりきる♡」というのがオススメです。

ワークタイム

ここでいう「豊かさ」とは世間の基準ではなく自分が一番幸せと心地よさを感じる豊かさです。

あなたの理想の豊かさをイメージしてみてください。

（例：こんな家に住みたい！　こんなバッグが欲しい！
思うままに書いてみましょう）

今書いた豊かさを実現するには、いくらの年収が必要でしょうか。実際に数字を書いてみましょう。

その年収を手にしているあなたは、どんな女性でしょうか。イメージして書いてみましょう。

（例：まったくイライラせず、だれに対しても優しい、
毎日部屋に花を飾っている）

今日から、そのイメージした理想の年収を手にしている自分となって生活してみましょう。
今日からできるタスクを５つだしてみてください。

（例：誰に対しても優しく接する、部屋に花を飾る）

豊かさがどんどん溢れだす♡

第4章

スワロフスキーのペンとイニシャル入りノート

～理想の年収を叶える私になる！～

年収1000万円の道は、長く険しい道だった？

ううん、甘くて優しい、時にほろ苦い道だった。


「もう、どうしたらいいのかわからない」

なんて落ち込む日もある。

そんな時は、ビジョンに戻ってみればいい。

お気に入りのイニシャル入りのノートに、
キラキラのあのペンで何度も書いた、私のビジョン。


それを見ていると、その未来がすぐそこにあるような気がしてくる。

「やっぱり私にはできる」って明るい気持ちがこみ上げてくる。


大変なときこそ、大げさに考えない。軽やかに笑顔で。

それが、可愛いままで年収1000万円のコツだと思うから。

年収600万円の壁を越えるには

この本のタイトルである「可愛いままで年収1000万円」。

なぜ、年収1000万円なのでしょうか?

実は正直、この年収はいくらでも良いと思います。500万円でも、2000万円でも、年収1000万円って、私が起業前「年収1000万円を目指してます!」とみんなに言っていたように、多くの人にとってある一つの「なんとなく」の目標の数値だと思うのです。

冒頭にも書きましたが、私にとっての年収1000万円は、自分が一番心地よいライフスタイルが送れるだろう年収でした。決して豪遊できるような余裕があるわけではないですし、芸能人が住むような高級マンションのペントハウスに住めるわけでもありません。

でもわたし自身が行きたい所にすぐ行けて、欲しい物をある程度迷わず買える。一番、自分が「あ〜、昔と変わったかも」と思ったと感じたことはクリスチャン・ルブタンの靴をポンと即決で買えた時でした。

そして学びたい！ 経験したい！と思った時、迷わずチャレンジすることができるようになったことも、とても大きいです。**今までガマンしていた選択肢も選べるようになる。そんな理想の年収が私は1000万円だったのです。**

「年収1000万円では足りない！」という方も、「年収1000万円はちょっと多いかな」という方もいるでしょう。

目標の年収はあなたのピンとくる直感で決めていただいても良いですし、前の章に自分の年収を理想の未来像から設定できるワークがありますので、そちらを終えてからこの章を自分の理想に合わせて読み進めていただくと、現実になるスピードが速くなると思います。

数年前の私は「年収1000万円」を稼ぐなんて雲をつかむような話でした。いつも生活に追われていたし、「お金がない」とずっと言っていたのですから。そんな私が今、1000万円以上の年収を稼ぐようになって思うことは、「自分の好きな事にただ夢中になること。それを楽しんで続けること」、理想の年収に到達するにはこれに尽きると思います。

この世の中には多くのビジネスのテクニックやノウハウがあふれています。私自身もたくさんのテクニックやノウハウを学びました。でも、それでは年収600万円くらいで頭打ちになる気がするのです。

もちろんテクニックやノウハウは大事です。しかし、それよりもその仕事に夢中になれているのか、それだけのエネルギーが自分から出ているのかということが大切だと思います。省エネモードの仕事の仕方では、どれだけ効果的なテクニックを使っても効果は半減でしょう。

自分のエネルギーが一番大きく使えることを仕事にし、夢中になって楽しむことが理想の年収を叶える一番のテクニックなのです。

一人起業の限界を可愛く越えよう

とは言っても、一人で起業するとなると自宅でお教室やサロンを開いて生徒さんをお迎えしたり、カフェで人と会ってお悩みを聞いたり……ということを想像されることが多いと思います。

確かにそういうお仕事から始められる方がとても多いですし、私もそこから始めました。でも、それだけだとみなさんの想像どおり限界がきます。もちろん「優雅に生徒さんを自宅でお迎えし、収入は月10万円くらいあればいいな」という方もいらっしゃると思います。それもとてもステキですし、私もそんな優雅なお教室に通いたいです。

また、「理想の年収をもっと高く掲げて仕事をしていきたい！」という方もいるでしょう。一人で起業をするということは、物販などをビジネスにしていない限り「自分の時間」を売っていることになります。そして**「自分の時間」は限りあるものなの**

で、すぐに限界がきてしまうのです。

これ以上、売上げが伸びないとか、忙しすぎるとかそういう事態になってしまうことが多々あります。「自分」の「時間」が足りないのですから、ここを広げていく必要があるのです。その方法をいくつか説明していきます。

豊かさを分け合う仲間をつくる！

まず「自分」の部分です。これは「一人」だから限りがあるわけですから「仲間」を増やすことで解決ができます。

例えば、自分のいまやっている事務作業をどなたかにお願いしたり、自分がやっているサービスを誰かに教えて、その方に「暖簾分け」のような形でサロンをやってもらったりという方法があります。

私も起業してからしばらくは一人で仕事をしていました。起業仲間はいましたが、実質の仕事は一人。「一人でやったほうが上手くいくし」と思っているような所がありました。しかし起業から数年が経ちコミュニティを立ち上げたり、サロンをチーム化させることで私に転機が訪れました。

一人でサロンを経営する個人オーナーさんは多いと思いますが、そのサロンをチーム化しようとはなかなか思わないはずです。それを提案してくれたのは、起業当初からコンサルティングをお願いしていた、ブルーミング・ワークスの渡辺亜侑美さん。彼女も個人で集客・経営コンサルタントとして独立し、その後仲間を増やしチームで活動していたのです。そんな彼女の活動を見ていて、私のような個人サロンでもできるかも！　と思い立ち、自分のビジョンに加えることにしました。

自分の作り上げたサロン運営や集客のノウハウ、コンセプト、大切にしている思い、働き方……すべてをスタッフと分け合うことで豊かさも喜びも何倍にもなったのです。私もより自分が「楽しい！」と思えることに打ち込むことができ、スタッフも一人でサロンを立ち上げるよりも格段にスムーズに仕事が軌道にのります。まさにWin-Winの関係です。

また現在はセミナーをする際、主催者さんに講師という形で呼んでいただくようにしています。私がやるのは集客と当日の講師という役割だけ。確かに自分で主催して自分のアシスタントに申し込み管理をお願いするということも可能です。その方が自分の実入りも多いのは事実。

でも、ここで**「豊かさを分け合う」**というテーマに沿って動く事で、私も主催者の方もさらにステージが上がると思うのです。私は「講師として招かれる」という立場を経験することができます。会場の手配も、申し込み管理も、受講料の振込確認も、すべてお任せすることができ、私は当日の「講師」という仕事に集中することができるのです。

そして主催者の方にも私のセミナーを通して、自分をアピールしたり、自分のセミナーを開催する時の勉強になったりすると喜んでいただいています。もちろんそれなりの利益も上げていただけます。

こうやって**豊かさを一人占めするのではなく、みんなで分かち合うことでどんどん広がり大きくなっていきます**。一人では気づかなかった事、成し得なかったが誰かと一緒なら実現できるのです。

時間を効率的に使う

「自分」の次に限界がくるのが「時間」です。「時間」を味方につけるには「量」に着目してみてください。

たとえば、マンツマーンのレッスンをグループのレッスンに変えてみる。その時に、マンツマーンのレッスン料よりグループレッスンの料金の価格を下げることで、受講生の方も「こっちのほうがお値打ちで良い!」という方が来てくださいますし、講師をされる方自身も同じ時間でたくさんの方に、自分の考えを伝えることができます。

次に、単純に受講料を上げるということです。みなさん最初は「高くするとお客様が来ないかも」と思ってボランティアのような価格にされる方が多いのですが、これはとてもナンセンスです。

コンサルティングやセッションなど、「形の無い物=自分の時間」を売っている方は値段がとてもつけにくいと思います。売る物があれば、自分の価値というよりもそのモノの価値の値段なので、遠慮なくつけられるという方が多いですよね。

でも、考えてもみてください。モノは大量生産することができますが、あなたの時間はどうでしょう？　どうひっくり返しても、あなたの時間を大量生産することはできませんよね？

「自分の時間だからタダ同然の金額で」と思ってしまう気持ちはすごくわかりますが、モノよりもあなたの時間の方が断然価値が高いのです。だからしっかりと「自分の価値」を認め、価格を設定しましょう。恐れることはありません。あなたが届ける「愛」と交換するのが「お金」なのですから。

あなたの愛のエネルギーは一体いくらでしょうか？　**「この金額だったら、自分も楽しくウキウキ仕事ができる！」という金額を設定してくださいね。**「高すぎて気が引ける」というのも「安すぎてやる気を失う」というのもどちらもダメです。今の自分が一番心地よい価格に設定しましょう。

コンテンツやモノを売ろう！

時間は限りがありますが、モノは大量生産できると先ほどお伝えしました。そう、あなたのサービスをモノに変えることで、より効率よく仕事をすることができます。

たとえば自分の持っているサービスを動画やPDFにしてリリースするとか、オリジナルのグッズをつくって販売するなど、色々な方法があります。今はメルマガやステップメールを有料化した電子コンテンツを簡単につくることができるので、自分の持っている知識をそういったところにまとめて販売するのも、あなたのハッピーが広がるツールになる可能性があります。

モノを販売する利点は自分の時間をお金にするわけではないので、自分が何をしていても知らないうちに売上げが上がっているということです。寝ていても、旅行に行っていても、日本にいなくても、誰かがその商品を見つけてくれて購入してくださった時点であなたの売上げになるのです。

理想の働き方をシミュレーション

以前から私が実際にやっていて、効果バツグンだった「働き方シミュレーション」

の方法」をお伝えします。これは2週間をひとくくりにして、自分のワークライフスタイルを作っていくというシュミレーションになります。

まずノートに月曜日から日曜日まで曜日を一列横に書きます（151ページを参考にしてください）。次に月何日働き、何日休みたいかイメージします。週に休みは何日くらい欲しいですか？「週休2日は欲しいかな」と思った方は2週間分のシミュレーションの中に「お休み」を4日書き込んでください。その他は仕事をする日になりますので、どんな仕事をするのか書いてみましょう。

たとえば「月曜日　1週間の計画を立てる　デスクワーク中心」「火曜日　個人セッション」「水曜日　スカイプミーティング」などです。

なぜ2週間分をワンクールにするかというと、色々試したのですが、1週分だとやれることが固定されてしまうからです。

これは**どれだけ自分を「ワクワクさせられるか」が鍵**なので「毎週水曜日はあのカフェでデスクワークをする！」とか、「金曜日の午前中はあの公園の日当りの良いベンチで読書」など、考えるだけでウキウキするプランを立てるのがコツです。

このシミュレーションはワークライフスタイルと同時に理想の年収までいとも簡単に叶えてくれる、私にとっては魔法のツールでした。これを考えている時、私はいつもワクワクしていました。なぜなら私がシミュレーションしたその計画には、自分の理想とする働き方がそのまま書かれていたからです。

こうなったら最高!! さて、これを実行するためにはいま、どうしたらいい? と、自分で問いかけながらひとつひとつ実践していった結果が今に繋がっています。

もちろん最初は理想の年収にするために、たくさんの日数を「仕事」の時間にあてることになるでしょう。私も今は週2日しか実働していませんが、つい2年くらい前まではとても忙しい毎日を送っていました。

そんな中でどんどん自分の成長に合わせてシミュレーションをバージョンアップしていき、最初は考えもつかなかったようなワークライフスタイルと理想の年収を実現することができたのです。次から、私がこのシミュユーレションを使って実際に歩んできた道のりをご紹介したいと思います。

ワークタイム

❶あなたのワークライフスタイルをシュミレーションしてみましょう。

❷実現したい年収から、月収を割り出しそれをさらに2で割り、2週間のシュミレーションで考えてみましょう。どんなサービスをどれくらいのペースで提供するのか、自分がどれくらい働けば理想の年収を叶えられるのか、具体的に考えてみてください。

起業1年目の私のシミュレーション

理想の月収40万円だった頃。
（1日実働2万×20日＝40万で設定。）

（色付きセル）が実働

	月	火	水	木	金	土	日
AM	デスクワーク	デスクワーク	サロン予約	サロン予約	休	サロン予約	サロン予約
PM	サロン予約	休	実働	デスクワーク	休	サロン予約	休

	月	火	水	木	金	土	日
AM	休	サロン予約	サロン予約	サロン予約	デスクワーク	サロン予約	休
PM	休	デスクワーク or 休	実働 or サロン予約	サロン予約	サロン予約	サロン予約	休

起業3年目の私のシミュレーション

理想の月収100万円としはじめた頃。
（1日実働10万×10日＝100万で設定。）

（色付きセル）が実働

	月	火	水	木	金	土	日
AM	デスクワーク	休	ミーティング	セミナー	休	コンサル予約	セミナー
PM	インプットの時間	休	デスクワーク	コンサル予約	休	コンサル予約	セミナー

	月	火	水	木	金	土	日
AM	休	休	コンサル予約	コンサル予約 or デスクワーク	デスクワーク or コンサル予約	セミナー or イベント	休
PM	休	デスクワーク	講座	コンサル予約 or 休	free	セミナー or イベント	休

現在5年目の今
週休5日　月収100万円を実現！

私の年収1000万円までの道のり

起業1年目のころは、月の売上げが20万円〜40万円という感じでした。40万円いくと「いい感じ♡」とウキウキしたので、月40万を理想月収に設定しシミュレーションを組んでいきました。

1日平均2万円の売上げと仮定して月に20日働く事になります。先ほどのシミュレーションだと2週間なので10日分の実働日を当てはめていくことになります。

最初はこのようにシミュレーションを組んでいても、申し込みを増やすことの方が大変だったので、実現には時間がかかりました。

でも、2年目に差しかかった頃、お客様も増えてきたので年間フォローコースというのを作り、今まで来てくださった方にご案内したところ、とても喜んでいただくことができ、私の収入もここから安定し始めました。

3年目、コミュニティを発足し、通常のサロン業務も大阪サロンのスタッフを増やしチーム化させることにしました。そうするとキャッシュポイント（お金が入ってくる入り口）が増えました。私は実働を減らし、楽しくミーティングをしたりアイデアを練ったりする時間を増やすことにしました。

シミュレーションには「ミーティングの日」というのを作り、話すとワクワクしやる気が出てくる仲間達とミーティングする日を設けて、その日に実際に会ってランチミーティングをしたりスカイプでミーティングをしたりするようにしたのです。**定期的にモチベーションを上げてくれる人に会うことで、仕事は効率よくはかどります。**この頃は、私のターニングポイントの時期でもあり理想の年収には達していましたが、時間に余裕はありませんでした。

3年目は「もっと自分の生活を自由に楽しみたい！」という思いから、月10日だけ働くというシミュレーションをしてみようと思い立ちます。月10日働いて、月収100万円を目指そうと思ったのです。細かい数字は苦手なのでざっくり分かりやすい目標にしました。

シミュレーションはものすごく簡単！　1ヶ月に1日10万円売り上げる日を10日作ればば良いのです。そこで、私は考えます。「1日10万円売り上げるサービスは何かな?」と。そこで、色々とアイデアが浮かんできます。今までは1対1のセッション形式で仕事をしていたのですが、1対複数のセミナー形式での仕事に切り替えていくことにしました。そうすると、その方が私には合っていたようで、複数の方々にお話しするほうが断然楽しい！、これは大発見でした。

そうやって少しずつ、自分が提供するサービスの形を変え、理想の年収を叶えていったのです。現在は実働を月4日でシュミレーションしています。1日25万円の売上げで月収100万円になるように動いています。

数年前の私が今の私の働き方を知ったら驚くでしょう。でも、少しずつステップアップし、目の前の理想を確実に現実にしながら大きな理想を掲げることができるようになり、昔は想像すらできなかったことを実現することができたのです。

これは私が特別だからできたのではありません。ただ「やった」、それだけのこと。私の例はあくまでも一例ですが、みなさんもご自分が一番心地よいと感じるワークライフスタイルをこのシミュレーションで作り上げてみてください。

「こんなに仕事をして大変そう～」ではなく「こんな毎日が送れたら嬉しすぎる！」という気持ちでつくることがコツです。ぜひやってみてくださいね。

くじけそうな時はビジョンに戻る

起業をする時、最初はエネルギーが必要だと思います。

「やっぱり私には無理かも」なんて弱音を吐きたくなる時もあるでしょう。私ももちろんありました。「私が起業なんて、無理だったのかな」と思ったことは一度や二度ではありません。

3年目くらいまでは「辞めちゃおうかな」と思うことが何度もありました。

「どうしたらいいの？」「もうダメだ」「進めない」と思った時はビジョンに戻ってください。自分が理想とするビジョンです。

そのビジョンをさらに詳しく鮮明に思い描いてください。もし、サロンを開きたいのなら、「どんな紅茶を出す?」。「どんなカップで出す?」「受付シートはどんな風?」「その時のペンはどんなのを用意する?」。そんな、細かいことまでしっかりと考えておく事が大事です。余裕があるのなら、先に理想のアイテムを揃えておいても良いかもしれません。

そうするとなんだか楽しくなってきませんか? 自分の理想がもう叶ったように思えてくると思います。その思いが強くなると、今自分がやるべきことも思い浮かぶようになるんです。

「こういうことをやったら楽しいかも!」

「今までは考えなかったけれど、あれを始めたら楽しいかも!」

なんてどんどんアイデアが湧いてくると思います。

そうやってワクワク、ウキウキ過ごしていると、周りの人が協力してくれたりお客様を紹介してくれたりと、ミラクルが次々と起こるものなのです。

くじけそうになったときは、ひたすらイメージです。私もそうやって乗り越えてき

ました。大丈夫、あなたなら絶対できる♡

先ほど、お話したサロンのチーム化とセミナーを主催者さんにお願いするというお話ですが、最初は「ちゃんと上手くいくかな～」と思いながら手探り状態で始めました。「軽く投げる」と第2章でもお話ししましたが、もう準備ができているにもかかわらず、失敗するのが怖くて始められないという方を良く見かけます。それは、とてももったいないことです。

失敗してもいいのです。そこから学べることはたくさんあるし、繰り返しますが、また違う球を違う角度で投げてみれば良いだけなのです。誰しも最初は手探り状態です。大々的に発表したものの成功しなかった、なんてこともあるかもしれません。でも、人はそんなにあなたのことを気にしていません。気にしているのは自分だけ。

まずはダメもとでやってみるべきです！　少しでも進んでみるべき。

同じ場所でモジモジしていたらもったいない。だって時間は有限なんですから。

落ち込みは「ちょっとした休暇」です

人間生きていると落ち込むこともあります。スランプになることもあります。そんな時「私はだめだ……」と自信をなくしてしまう人もいるかもしれません。

でも心配ないのです。「そういうときもある」。じつは、それだけなのです。私ももちろんいつでも絶好調！　なわけではありません。自信をなくすような出来事や、傷つくようなことを言われること、なんだか上手くいかないことが続くことだってあります。でもそんなとき私はこう考えます。

「こういう落ち込んだ感情も味わうために生きているんだよね～」と。そしてこの出来事から学べること、次に活かせることは何かな？　ということまで考えます。そうしているうちに人間は忘れることができる生き物なので、少しずつ自分の中からその悩みが消えていったり、思わぬ方法で解決したりするのです。

またスランプになったときには焦らず、自分のペースを崩さずいつも通りの自分でいることを心がけます。私自身も個人事業主をしているので売上げや申し込みに波があります。何日間か申し込みがなかったりすると「大丈夫かな……」と焦りそうになりますが、**「そういうときもある」とペースを崩さないことが大切**だと思います。

私はファッションスタイリングのサロンをスタッフに任せていますが、申し込み管理は、私がいるメインオフィスの方で一括管理しています。それを見ていても名古屋サロンにお申し込みが一気にくる日があるかと思えば、大阪サロンにばかり申し込みがくることもあります。

特になにか理由や原因があるわけでもなく、「そういうもの」なのです。少し何かが低迷しているくらいで「自分はだめかも」と思う必要は全くありません。「そういうこともある」のですから。

何もしない1日があっても大丈夫

講座に通ってくれている生徒さんが、こんなことを言っていました。

その方は自分の手作りしたものをネットショップで販売されているのですが、「作品を手作りするのは大好きでとても楽しい。でも、友達と食事をしたり、家族との時間を優先して作品を作らなかった日、仕事をしなかった日はなんだか罪悪感があって」と。

確かに一人で仕事をしていると、仕事をしていない日があると、なんだか罪悪感があるという気持ちはすごくわかります。やはり会社に勤めているときよりもオンとオフの境目が曖昧になります。私はそこが気に入っているのですが、そうなると「しっかりと1日休む」という日がとりづらくなりますよね。

今現在、私でさえブログを書かなかった日は「あ、今日ブログ書かなかった……」

と思ってしまうほどなのです。

でも、仕事は人生の一部です。あなたが楽しむためにするものです。だから仕事を全くせず自分の時間を楽しむ日があってももちろん良いのです。罪悪感を持つ必要はありません。

そんな時に、この章でお話しした「働き方のシミュレーション」を実践されるととても良いと思います。仕事をするときは楽しく、遊ぶ時は思いっきり遊ぶ。それが、賢いワークライフスタイルだと思うのです。

ワークタイム

どんなサービスをどれくらいのペースで
提供するのか、自分がどれくらい働けば
理想の年収を叶えられるのか、
具体的に考えてみてください。

あなたのワークライフスタイルを
シュミレーションしてみましょう。

実現したい年収から、
月収を割り出しそれをさらに２で割り、
２週間のシュミレーションで考えてみましょう。

第5章

赤いバッグとワンピース

～可愛いままで理想のワークライフスタイルを叶えるルール～

以前はＡ４サイズの書類が入る大きなカバンに、
毎日パソコンを持って出かけていた。
でも、それって私の目指すスタイルとちょっと違うって、
ある日気がついた。
スーツを着たカッコイイ仕事ができる人に憧れて
「仕事ができる女性」を自分で演じていた。
でも、それは本当の私じゃなかった。

そんな時、プライベート用に買ったセリーヌの赤いラゲージ。
これを使うようになってから、必要な時だけ、パソコンを手
に抱えていくようになった。

そう、本当の私のスタイルがわかったの。
誰かと比べるんじゃなくて、私の心地よいスタイル。
そう、私はあの頃より、少し自由になったのだ。

とっておきのバッグで「なりたい私に」

この本では私の毎日を彩るアイテムとともに章を展開させています。どうしてそんな風に本を組み立てたかのと言えば、私自身が仕事をする上で、身の回りに置くものにこだわってきたから。

第1章でもお伝えしましたが、私は「好き」をたくさん集めることで自分のスタイルを確立してきました。たくさんのものを「とりあえず」集めるのではなく、「こだわり」のあるものを少しずつ。私の場合は持っている物も普通でシンプル。でも、それが一番私らしいって思っています。

たくさん持つことが正解じゃない。あなたの「こだわり」を厳選して、心地よいワークライフスタイルを送りませんか？　私のワークライフスタイルをつくる「こだわり」のものたちをご紹介していきますね。

私はバッグが大好きです。女性は「バッグが好き」という方、多いのですよね。パーソナルスタイリストをしていたとき、お客様に「洋服はプチプラのものでも、バッグはそれなりの自分が本当に気に入ったものを持った方がいいですよ」とお伝えしていました。

なぜならバッグは洋服に比べて使用頻度がとても高いからです。ほとんどの方が3つ〜5つくらいのバッグをローテーションして使っていませんか？　私も今、ローテーションしているのは4つくらい。

そうすると単純計算して、4日に1回は自分のワードローブに登場しているわけです。だから**バッグは自分が持った時に「一つ上のランクの女性にさせてくれるもの」という基準で選んでいます。**

このバッグを持った時の私の姿を、頭をフル回転させて想像します。デートをしているシーン、友達と女子会をしている時のシーン、一人でショッピングしているシーン、仕事の出張で出かけているシーンなど、いくつも考えてみましょう。

その中で「素敵！」「このバッグがあったらさらに素敵な私になれるかも！」と思ったものを購入しています。

ただ「そのものが欲しい！」というのではなく、「このバッグは私をどんな女性にしてくれるだろう」と考えてバッグを選ぶのです。

私をワンランク上の女性にしてくれる、バッグにはそんな素敵な魔法がある気がしています。

なりたい自分も洋服選びで思い通り♡

以前はパーソナルスタイリストという仕事柄、毎日のコーディネートの写真をアップすることがよくありました。今はその機会も減ってしまったのですが、現在でも洋服は私のブランディングに欠かせない大事なツールだと思っています。

新しい洋服を着ている日ってなんだか気分が良くないですか？　そう、洋服にはそういうパワーがあると思うのです。「なりたい私」に近づけてくれるパワーがあります。

だから洋服を選ぶ時に私は「どういう自分になりたいかな」ということをイメージして選びます。まずノートになりたいイメージを描いてみましょう。キーワードで構いません。

「可愛い、上品、カッコいい、大人っぽい、清楚、凛としている」、いろいろありますよね。洋服を選ぶ時、自分が出したキーワードを思い出し、その上でピンとくるものを購入することをお勧めします。

私も以前は「カッコいい、クール、仕事ができる、大人っぽい」という女性に憧れていたので、どちらかというとジャケットにパンツや、シャツなどのスタイルが多かったのですが、現在は「女性らしい、上品、ふんわり」などのイメージが自分にしっくりくるため、スカートスタイルやワンピースが増えました。洋服を選ぶ時に、いつもそのキーワードを思い浮かべながら購入するようにしています。

なめらかに滑るペンが未来を引き寄せる

ノートは私にとって欠かせないアイテムで、いつもそばに置いています。使っているのはイニシャル「Y」が入ったシンプルなノート。このノートにビジョンはもちろん、思いついたアイデア、今日味わった気持ちなどをたっぷりと書き込んでいます。

ペンを選ぶ時は見た目より書きやすさ！。

もちろん見た目も重要ですが、書きやすくないとやがて、使わなくなってしまいます。お店で入念に試し書きしてからの購入が必須。**ペンがスルスル滑らないと、理想の未来もサラサラと書けない気がするのです。**

ノートに関して、私は何冊も使い分けるのではなく、「書きたい」と思った時にすぐそばにあるノートに書くということをしています。

私はしっかりとテーマ別にわけることが苦手なので、ノートの種類を2冊くらいにして、その時手元近くにあるどちらかに書いています。少し厚めのものと、小さなバッグにも入れやすい薄くて小さめのものの2冊です。外出先でもパッと思いついたことをすぐに書けるようにしています。

無理にルールを作りすぎて、それに縛られ肝心なことができなくなっていては本末転倒です。自分が一番自分らしく楽しく続けられる方法を、いろいろ試しながら見つけていくことが大事だと思います。

アイデアはすぐにメモする

ノートの話が出たのでここでもう一つ。私はほぼ毎日ブログをアップしていますが、もちろん書く内容が全く浮かんでこない日もあります。そんな時のために私はいつでもどこでも、浮かんだアイデアをすぐにメモするようにしています。

移動中も、お茶をしているときも、テレビを見ているときも、ショッピングしているときでも、なんとなく考えごとをしていて、ふとアイデアを思いつくことがよくあります。そんなときは、スマートフォンのメモ機能にすぐにメモしたり、持ち歩き用のノートか手帳にすぐさま書いておきます。そうしないと、せっかく思いついたアイデアを忘れてしまうから。キーワードをさっとメモしておけば、それを見るだけでアイデアがよみがえってきます。

そして、「いいな」と思いながら目にしたものはスマートフォンのカメラで写真をとっておくこと。その写真からブログのテーマが思い浮かんでくることも多いです。ぜひブログに載せる写真もストックしておきましょう。

本の隣には必ずペンとノートを♡

私は本が大好きで、たくさんのことを本から学んできました。本屋さんに行くと自分の可能性がどんどん広がる気がしてワクワクしてくるんです。「今度はどんな本が自分の未来を広げてくれるんだろう」と思うと楽しみでなりません。

たくさんの本を読む私ですが、なんとなく読んでいるだけだと内容をすぐ忘れてしまいます。だから自己啓発系やマーケティングなどのビジネス書を読むときには、ノートを隣に置いて読みます。そして「ここは心にとめておきたい」というところを、メモしながら読み進めます。

また**自分の理解度や、感じたことも一緒に書いておくと、後からそのメモを読み返した時に、理解が深まります。**

同じ一冊を読むのであれば、その一冊からたくさんのことを吸収したいというのが私の考えです。だから、一冊一冊の読書を有意義にするために、メモを取りながら読むということ実践しています。

何度も読み返す本は、持っている本の中でも一部ですよね。だから、一度読んだ時に簡単に要点をメモしておけば、後から見返すことができます。その時、また新たな発見があったりします。自分自身も成長しているため受け取り方が変わるんです。この読書メモは二度おいしいオススメな方法です。

素敵カフェをオフィスにする

私の仕事は、セミナーをしたり講座をしたり、みなさんの前でお話しするということなのですが、それが週1〜2日です。ではその他の日は何をしているのかというと、家かオフィスやカフェでデスクワークをしています。

デスクワークというのはブログを書いたり、こうやって執筆したりする作業。たまにコミュニティのミーティングなどでスカイプしたりすることもありますが、直接会ってランチミーティングをすることが多い私。

みなさんが思っているより家にいることが多いです。予定も1日一つ。多くて2つ。あまりたくさんの予定を入れると自分が疲れてしまうので、余裕を持ってスケジュールを組んでいます。仕事とプライベートの境があまりないので、実働がない日はその日の気分でデスクワークするとか、カフェに行くとか、ショッピングするなどを決めています。
私の理想のワークライフスタイルは何と言っても「セックス・アンド・ザ・シティ」のキャリー。まだ名古屋にスターバックスコーヒーがなかった頃から、キャリーがコーヒーショップにパソコンを持ち込み仕事する姿に自分を重ねて夢見ていたのです。だから今、私もオフィスや自宅のデスクで少し行き詰まると、パソコンを抱えて近くのスターバックスコーヒーにでかけます。

環境が変わると意外に新しいアイデアが浮かんだりして、良い気分転換になります。もし、アイデアが浮かばない時でも本を読んだり、今の気持ちをノートに書いたり、ぼーっとしたりして過ごしています。またカフェに行くまでの道のりで買い物をしたりお散歩ができたりするので、それも気分を変えるのにとても効果的です。

みなさんにお勧めしたいのは、**自分のとっておきのオフィスになるような素敵なカフェをみつけておくことです。**これは今、起業をしていない人でも、「このカフェに行って読書をしよう」とか、「あのカフェで自分と向き合おう」とか色々な自分時間に使えます。私もオフィスから一番近くのスターバックスコーヒーが地下にあるので、ゆっくりと長い文章を書きたいときなどは、外が見えて天井の高い2駅先の違う店舗に行くようにしています。

カフェを自分だけの素敵オフィスに変身させるこの技は、自分のモチベーションアップにつながりますし、素敵なライフスタイルの一部となって、あなたの生活を彩ると思います。ぜひ、次のお休みの日に素敵なカフェ探しをしてみてくださいね。

やる気も稼ぎも「デスク」次第

一人で仕事をしていると、どれだけサボっていても誰からも怒られることがありません。そこが自由で気に入っているところであり、同時に自分をしっかりもっていないと仕事が成り立たないので、厳しいところでもあります。

だから、自分のやる気を上げるために工夫していることがたくさんあります。まずは**デスクは自分のお気に入りのもので埋め尽くす**というやり方。私のデスクの上には季節の花、アロマキャンドル、お気に入りのボックス、ペン立て、差し色のメモパッド、可愛い形の付箋などが置かれています。デスクに座ると「なんだかやる気が湧く♡」と思えるように自ら環境をプロデュースしているのです。

この自分のやる気をコントロールするというのは、朝起きた時から始まっています。朝の時間をダラダラと過ごしてしまうと、なんとなくその日1日もダラダラとしてしまって「なんだか何もはかどらなかったな～」ということも少なくありません。

だから、**起きた瞬間から「今日はどんな1日にしよう！　とっても楽しみ！」と思いながらベッドから出て、カーテンを開けます。そして朝、聞きたい音楽をかける。そうやって朝の時間を過ごすことで普通の1日が特別になっていくのです。**

どうやって過ごしても同じ1日です。

どうやって飾りつけても同じ机です。

1日をどう過ごすのか、どんなデスクで仕事をするのか、それはすべて自分次第なのです。それに気づくと、今日という私の1日を、どうやって過ごすのか考えることができ、毎日をワクワクした気持ちで迎えることができます。

サロン通いで、自分をおもてなし

働く女性は自分を磨くためのサロンに行かれている方が多いですよね。

私も毎月、美容院・ネイルサロンに通っていて、定期的にリラクゼーションのサロンへも訪れます。この時間は自分をリフレッシュするための時間。自分でのケアももちろん大事ですが自分をおもてなしするのには絶好の機会です。

自分で自分のことを大事にできない、大事にするやり方が分からないという方は、いつもの美容院のメニューをワンランク上に上げてみてください。

例えば、カットとカラーしかしない方はトリートメントを追加してみる。いつもトリートメントをしている方はワンランク上のトリートメントをお願いしてみる。たったそれだけで「自分は特別♡」な気持ちが生まれてきます。そうやって自分を、おもてなししてあげると、どんどん自分自身のことを大事にできるようになるのです。

リア充感はSNSで上手に演出

今、若い女性が個人で起業をするというのがちょっとしたブームですよね。ちゃんと株式会社として起業する場合は別ですが、私のようにフリーランスで、自分を売り込みながら仕事を展開させていくには、SNSが欠かせないツールとなっています。なにより広告費がかからない上に、全世界中に自分のことを発信できるという、私たち個人起業家には願ってもないお助けツールです。

SNSでのアピールは起業準備の段階から実践していくことが可能ですので、みなさんどんどんチャレンジしてくださいね。

みなさんにオススメなのがSNSの中で「リア充感」を出すこと！　前の章でも書いたのですが、みなさん「誰にどう思われるか」に気を取られすぎて、発信する内容も遠慮がちになっているんです。

例えばその「誰か」に遠慮することで、その人はあなたに感謝してくれるのでしょうか？　あなたに何かメリットを与えてくれるのでしょうか？　もし、万が一批判されたって、それはあなたが素敵に映って、羨ましかったからなのだと思うのです。どうせなら、羨ましがられちゃいましょう。

自分の生活の中の「素敵」を切り取って発信していく。たとえ一杯のコーヒーを飲むのだって、とびきりおしゃれに発信しちゃいましょう。「人生って楽しいよね！」ってあなたが体現したっていいのです。そうすると、あなたの生活自体がその「素敵」にどんどん近づいていくのです。だからＳＮＳで充実感を出すのはとっても大事！　いつか本当にそうなっていくから。

ブログはあなたの最大の味方

私はこの5年間、ずっとブログで集客をしてきました。というか広告もチラシも一切出したことがなく、ブログを書くこと、そして口コミだけが私の集客ツールといっても過言ではありません。なので、この本でもブログの集客法について少し触れたいと思います。

たとえばアメーバブログならどれくらいのアクセスがあった方がいいとか、読者登録はどれくらいしたほうがいいとか。そういうことは他の本やブログにたくさん書いてあるので、ここでは割愛しますね。

「アメブロ　アクセスアップ」とか、「アメブロ　集客法」と検索してみるとたくさんのテクニックが出てくると思います。ブログで集客をされたいという方、そういうことは基本になるので、ぜひ調べてみてください。

ここでは、私がこれまで大切にしてきたことを書きます。まず一つ目は、**誰に対して発信しているのかを明確にすること。**私はブログをただの自分の日記として書いていたわけではありません。だから、「誰にこの内容を伝えたいのか」というのを明確にして書いていました。「いろんな人、女の子なら全員に読んで欲しい〜」と思うと、誰にも届かないものです。

私の場合だったら「年齢はアラサーの女性、いま会社員をしている人。でも自分は何か他にできるんじゃないかって悶々としている」など細かく届けたい対象を書いていきます。**できるだけ具体的に。狭く狭く書いていくことが大切。**そして、その人に向かって「その人が知りたいであろう情報」を発信していくのです。

そんなにターゲットを狭くしたら読んでくれる人が減るんじゃない？　と思うかもしれませんが、大丈夫。そんなことはありません。私は読んで欲しい人のイメージを先ほどのように立てていますが、結婚している人もすでに起業している人も、そもそも起業になんて興味のない人も私のブログを読んでくれています。

逆に、私が「日本中の女子が元気になるメッセージを届ける！」ということをテーマに日本中の女子をターゲットにしてブログを書くと、ものすごく広く浅い内容になってしまい誰も読んでくれなくなる可能性が高いのです。

ファッション雑誌を思い浮かべてみても、20代後半コンサバファッション、30代前半ガーリー系ファッション、30代半ば大人ママカジュアルファッション、など分かれていますよね。これを「すべての女性が読んでくれる雑誌！」と、設定し販売しても全く売れないでしょう。もっともっと狭く狭く伝えていくことが重要です。「あ！これ私のことだ！」と読者に思ってもらうことがとても重要なのです。

そして2つ目は**「毎日書くこと」**です。

私は、よほどのことがない限りブログは毎日書いてきました。もちろん書くことが思い浮かばない日もあります。それでも知恵を振り絞り書くのです。そうやって毎日書くことで「毎日、佳実さんのブログを楽しみにしています」と言ってくださる方が増えました。

ブログで集客することの利点は「面」での勝負ではないということです。例えば何かのフリーペーパーに広告を出すとします。そこに書ける情報というのはスペースが限られてしまいます。だからその記事を目にした方もその限られた情報の中でそのお店に行くか行かないか、もしくはホームページを見るか見ないかを判断するはずです。その条件は場所であったり、金額ということになります。

でも、ブログというのは毎日、情報や自分のメッセージを増やしていくことができるのです。「面」ではなく「立体的」に情報を発信することができます。そうやって毎日ブログを綴っていくことで、読んでくださる方は少しずつ自分のファンになってくださるのです。それを続けていき、**自分のことに興味をもってもらえると、場所や金額というのはあまり問題ではなくなります。**「この人から買いたい！」と思い、遠くても少し割高だったとしても、来てもらえるのです。

自分のファンを増やすというのは大変なことです。でも毎日自分のことを発信していると、それに共感してくださる人がファンとなり応援者となってくれます。それがブログの一番の良いところだと私は思っています。

普通の私に「ファン」ができる♡

先日、スタッフがイベントを開催したので、手伝いにいったことがありました。その時に私たちの隣の会場で有名なタレントさんが公演をされていたのです。そこには開演の時間よりも、かなり前からファンたちが押し寄せていました。

それを横目で見ながらスタッフに「このAくんって、本当に普通の男の子だよね。普通にいたとしても、振り返るくらいの端整な顔立ちかといったらそうじゃないよね？　でも、こんなに熱心なファンがたくさんいてすごいよね」と話していたんです。そうしたらスタッフが「佳実さんもそうですよ。自分では普通だと思ってるでしょうけど、もう普通じゃないですよ」と。

私が普通か普通じゃないかはさておき、その時思ったのは「普通の人が有名になってファンができる時代なんだな」ということです。ファンになってもらうには、**「憧れられる」「共感してもらえる」「応援したくなる」**、この3つの要素が必要です。

カリスマモデルがもてはやされた時代には、自分の手のとどかない人に憧れファンになる人が多かったように思いますが、今はカリスマモデルよりも読者モデル。自分のライフスタイルや考え方を公開し、それに共感されるとファンが増えるということが多い。だからこそ**「普通の人にファンができる時代」**なのです。

憧れられるということも、もちろん大事ですが、まずは共感してもらい応援してもらいましょう！　あなたのどんなところに人は共感してくれると思いますか？　それを考えてみてください。

私でいうと「普通のOLだった」「ライフスタイルを充実させることを楽しみながら努力している」「コンプレックスがたくさんあった」。こういうところに、共感してくださる方が多いようです。自分が読者モデルになった気持ちで考えてみてください。

自分が読者モデルとなってブログを書くならどんなことを書くでしょうか？

次に「応援したくなる」です。この「応援したくなる」は根強いファンをつくることにつながります。今流行っているアイドルグループや宝塚歌劇団もこの「応援したくなる」という気持ちから熱狂的なファンができるのです。あなたはどんな人なら応援したくなりますか？　どんなブログを書いていたら「応援したい」と思えるでしょうか？

私は5年以上前からブログを綴っているので、その当時から読んでくださっている方は「佳実さんの成長に驚きます」といってくださいます。

そう、私の成長を見守ってくださっている方がいるのです。毎日ブログを書くことで、沢山の人に自分の成長を見届けてもらうことができるでしょう。そうすると応援してくださる人も増えていくのです。

だから**「すごい人になってから発信していこう！」ではなく、今から等身大の自分で発信していけばいいのです。恥ずかしいならちょっと背伸びをしながら♡**

あなたの広報責任者はあなた自身

個人事業をしていると、気になるのは「同業他者」だと思います。似たような仕事をしている人です。もちろん私にも似ている職業の人がたくさんいます。

その同業他社さんがものすごく気になる！　とライバル視する方も多いかと思いますが、その必要はありません。もちろんそれが刺激になってやる気になるという方はいいのですが、不安になったり、蹴落としたいと思ったりするのはやはりナンセンスです。私はきっと「女性起業のコンサルタント」という仕事にくくられるのだと思います。でもね、自分ではそう思っていません（笑）。

よく知人から「佳実ちゃんの仕事って何？」と聞かれるのですが、自分でもうまく答えられず「宮本佳実が私の仕事」とふざけた答え方をしていました。でもこれは半分本気です。私は私でいることが仕事なのです。**私が私として生きることが仕事になったらどんなにかいいだろう。そう思って生きてきました。**だから、今それを実現しようとしています。

でも、それを実現するには、自分の魅力を自分が一番把握していることが重要です。それを自分でしっかりと伝えないと、他の人にも伝わりません。あなたの魅力とは一体何でしょうか？

それがわかれば、同じ職業の人をライバル視する必要がなくなります。だって同じ商品でも「あなたが売るその商品」は、世界でたった一つ。それは似ているようで、まったく違うものなのです。

私はよく生徒さんに「ル・クルーゼになってください」と言っています。私は特にル・クルーゼに詳しいわけではないですし、一つも持っていません。でも、あのお鍋を見ると色とりどりで形もぽてっとしていて可愛いなと思います。そして、美味しく料理が作れるということで高額でも人気がありますよね。

例えば、ル・クルーゼが他の鍋メーカーを意識して、薄くて軽い、シルバーの鍋を作ったとしたら売れたでしょうか？　機能性が高かったとしても、売れなかったでしょう。そして、ル・クルーゼというブランドもこんなに大きくならなかったと思うのです。この形、色、素材にこだわり作り続けた。それが大事なのです。

そしてもう一つ、似たようなお鍋のブランドでストウブがありますね。そう、共存もできるということを覚えておいていただきたいのです。潰し合うのではなく高め合えばいいのです。

他の誰かに影響されて、自分の魅力をなくしてしまわないようにしましょう。「あっちの方が売れるかも……」と、自分の魅力を押し殺すなんて、目先の利益が出たとしても長く愛されることは不可能です。

一緒にお仕事もさせていただいている、元ミス・ユニバース・ジャパン公式栄養コンサルタントのエリカ・アンギャルさんの本の中に、こんなフレーズがあります。**「自分が72億人の中のたった一人という価値だということを忘れないで」**。誰一人、自分と同じ人はいないのです。それがどれほど大きな価値かということに気づけたらもっと人生は楽しくなるはずです。

私は起業のアドバイスをするとき、「ブランディング」について特に強く伝えてきました。ブランディングを確立して、自分の魅力で勝負することで仕事はもっともっと楽しくなるのです。

では、ブランディングとは何をしていけばいいのでしょう。まずお伝えしたいのは**「完璧」じゃなくていいということです。**なぜかみなさん自分の欠点を探し、それを直そうとします。几帳面な日本人の特性でもありますよね。でもそうじゃないんです。「魅力=良いところを伸ばす」のです。

私自身、自分の売り出し方・見せ方を追求してきて、いままでたくさんの方のブランディングアドバイスをしていますが、器用な方・頭の良い方の方がブランディングがうまくいかないということがよくあります。それは完璧を目指したくなるからです。

人は、完璧なものに興味を持ちません。それではつまらないのです。できること、できないこと両方があっていい。全部完璧にこなそうとしていろんなことを、満遍なくできる人にならなくていいのです。

学校の教育では、平均的にいろんなことができる人が優秀とされるので、それを目指そうとするのは当たり前のことなのですが。でも自分をしっかりとアピールしていきたいのなら、平均的じゃなく自分として何ができるのか、どんな人間であるのかを伝えること。


オールマイティになんでもできる完璧な人である必要なんてない。私が「私」であることがブランドになるのだから。

「彼氏を思う」ように仕事に恋してみる

好きなことを仕事にしていると「いいよね〜、楽しそうで」と言われたりしますが、好きなことを仕事にしてもラクできるわけではありません。

私は大好きなことを仕事にして毎日楽しく過ごすことができていますが、もちろん企業に勤めていたときより、仕事のことを考えている時間は格段に多いです。私にとって仕事とは「彼氏」のような存在です、というお話をよくしています。これはどういうことかお話ししますね。

私の周りには素敵な女性で成功されている方がたくさんいます。そんな先輩方と「女社長の会」ということで、定期的に旅行に行くことがあります。旅行中は移動中の車内でも食事中もホテルでも、四六時中、話が尽きません。何を話しているかというと、もちろんプライベートな話もしますが、半分以上は仕事のこと。みんな楽しんで仕事の話をしているのです。

無理をして、仕事の話をしたり仕事のことを考えているのではなく、まるで大好きな彼のことを話したり考えているかのように仕事のことを思っているのです。そう、もう仕事に恋しているのですね。

私はたとえ旅行中でも仕事のことを考えています。だって、みなさんも友人との旅行中、綺麗な夕焼けを見たら「彼にも見せてあげたい」と思いませんか？　美味しい料理を食べたら「彼にも食べさせてあげたい」と思うでしょ？　彼がそこにいなくても、ついつい考えてしまう。そう思えることを仕事にすると、本当に人生が楽しくなります。

自分の仕事に恋をする。恋は一番、エネルギーを注げることです。そのエネルギーで仕事もしたらうまくいかないはずないですよね？　仕事とは、四六時中私を夢中にさせるニクい奴なわけです。

どう思われるか、なんて気にしない

「起業しよう！」と思っても「誰が見ているかわからないし」「どう思われるか心配で」と二の足を踏んでいる人からよくご相談を受けます。そのお気持ち、すごくよくわかります。なにか目立つことを言ったら批判を受けるんじゃないか、「たいしたことないのに、あんなこと言って」と思われるんじゃないかと心配になりますよね。

でもね、実はそんなに気にしなくて大丈夫なんです。人はあなたのことをそんなに見ていないから。人は自分以外のものに興味がないんです（笑）。

逆にもし批判を受けるようなことがあったら、あなたはすごい可能性を秘めているということです。普通の人が目立とうと思ってもなかなか簡単には目立てません。だから、ちょっと発信してみただけで批判を受けるようなら、とても目立つ要素があなたにはあるということなのです。

人の反応を気にして、自分のこれからの可能性を潰してしまうなんてもったいなさすぎます!!

他人の反応はすべて肯定的なものだとは限りません。でも大丈夫。あなたは強いから。誰かのために自分の未来をあきらめないで。

怖がらず、軽やかに♡　あなたの素晴らしさをたくさん発信してくださいね。

ワークタイム

なりたい私が明確になれば、次はそれを
実現するだけ。

❶あなたの「なりたいイメージワード」を考えてみましょう。
(例：上品、カッコいい、ふんわり、可愛い、カジュアル)

そのキーワードに合ったファッションを実際にファッション雑誌から見つけてみてください。またはそのイメージに近い有名人のコーディネート写真でも良いかもしれません。

それを切り取って、イメージワードとともに、手帳やノートに貼っておきましょう。

❷あなたが目指す、ワンランク上のあなたの姿を考えてみてください。
そのあなたが持っているバッグはどんなものでしょうか？

❸そんなあなたが発信する「リア充」な毎日はどんなものでしょうか。想像してみましょう。

「なりたい私」は、もうすぐそこに♡

最終章

水曜日のブランチはルブタンを履いて

～一歩踏み出す勇気が、見える景色を変える～

どれくらい前になるだろう。
一目惚れして買ったあの靴。
でもまだ、箱に入ったままで、クローゼットの中で眠ってる。
そろそろ出して履いてみようかな。
あの靴はまだ今の私には履きこなせない気がして、
少しだけ勇気がいるけれど。

この前買ったあのワンピースと合わせてみよう。
少しの勇気が私を変えてくれる。
あの靴で一歩踏み出せば、見える景色が変わる気がする。

ほんの少しだけ勇気を出して。
今日、新しい私になれる気がする。

さあ、お気に入りの靴で、踏み出そう

「好きなことをする」

これは簡単なようで覚悟がいることだと思います。

「好きなことをして本当に食べていけるのかな?」

「そんなことをして周りからどう思われるだろう」

そんな不安が押し寄せてくると思います。

その**不安にはフォーカスせず、「私は好きなことをして生きていくんだ!」という決意のようなものが必要なのです。**

ペットを飼うとき、ペットと過ごす楽しい時間と一緒に、エサ代のことや毎日のトイレのお世話、お散歩などいろいろなことがついてきますよね。生き物を飼うというそれ相応の覚悟が必要です。

好きなことをするということは、それにとても似ている気がします。やはりそれ相応の覚悟が必要なのです。

食べられなくなるかもしれない、批判されるかもしれない、一緒についてくるその諸々を覚悟をもって受け入れられるのか。


私がこの本でお伝えしたかったのは、年収1000万円の稼ぎ方というよりも「自分」のままで理想の幸せも豊かさも全部に手に入れることができるということです。

それにはまず自分を知ること。そして、理想を明確にすること。

それがとても大事だと考えます。

「もっとこんなことができるようになったら、やります」と、「いつかやる」というお声を良く聞きますが、もっと軽やかにいきましょう♡

すごくなったあなたになってから始めるのではなく、今のままのあなたで始めてみてもいいのです。

もう、あなたは十分すごい。素晴らしい。

さらに素晴らしくなりたいのなら、やり始めながら自分が成長していけばいい。今日からできること。どんなに小さな事でも昨日とは違う自分になるために。

この章の冒頭のメッセージではあなたの「魅力」を「靴」にたとえてみました。クローゼットに素敵な靴が入っていることは自分しか知らない。あなたのその素敵な魅力、隠していたら他の人は知るはずもない。

でも少しだけ勇気を出して魅力を全面に出してみる。ファッションで、SNSで、会話で、立ち居振る舞いで、あなたの魅力を振りまけばいい。それは人にみせなければ気づかれない。そう、クローゼットにずっとしまってある、あの靴のように。

自分の魅力を自分でアピールするって勇気がいる。だって日本人は謙遜することを美徳とするから。

でもね、この世の中「言ったもん勝ち」なところがあります。

「私って可愛い」と言ったもん勝ち
「私ってすごい」って言ったもん勝ち

「私ってできる」って言ったもん勝ち
自分で自分の価値を認めたもん勝ちなのです

人は自分の思っているものになります。
自分の思っているものにしかなれません。
一目惚れした靴を、履く勇気がないからってずっとクローゼットにしまっていても、
誰も気づいてくれないし、だれも心配してくれない。
ずっとしまっておくのも、出して履いてみるのもあなたの自由。あなたの選択。
でも、あなたがもし今と少し違う人生を歩みたいと思っているのなら、ぜひ勇気を
出して、その靴で一歩踏み出してみてほしい。
自分の魅力をアピールしながら、笑ってみてほしい。
絶対にあなたを取り巻く環境が変わっていくから♡

おわりに

この本を書くことが決まり、いままでブログやセミナーでお伝えしてきたことをより多くの方に届けられることをとても嬉しく思います。

本を出版することは私の夢の一つでした。その夢を思い描き始めたのはちょうど5年前だと思います。そう、起業したとき。いつか自分のワークライフスタイルを伝えられるような本を出したいと考えていました。いま、その夢が現実になっている。本当に人生は思った通りになるなぁと思います。

そしてこのタイミングにも意味があるような気がしています。ずっと出したいと思っていたけれど叶わなかった。でも、私の考えていることがある程度成熟し、多くの方の共感をいただけるようになった今、本の出版が決まりました。

数年前の私が、いまのこの状況を知ったら、きっと安心することでしょう。それほど自分の未来に不安を感じていた時期が私にもありました。でも、こうやって未来はひらかれていくのだと、今は確信できます。不安だったあの頃の私に「大丈夫、人生はあなたの思った通りになるから」と声をかけてあげたいです。

「もっと自分の可能性を信じたい！」

「もっと自分にはなにかできる気がしている！」

と昔の私のように思っていらっしゃる方にこの本を読んでいただき、「私にもできそう！」と思っていただけたのなら、こんなに嬉しいことはありません。

この本は『可愛いままで1000万円』というタイトルですが、1000万円は一つの結果にすぎません。だからみなさんが、そこを目指す必要はもちろんありませんし、もっともっと上を目指されるのも良いと思います。

大事なのは結果より、その過程です。あなたがどんな人生を生きるのか……それが重要なのです。

最後に、この本を手に取ってくださり本当にありがとうございました。あなたらしい、あなただけの幸せと豊かさがあふれるワークライフスタイルを実現していただけたら嬉しいです♡

宮本　佳実　*Yoshimi Miyamoto*
ワークライフスタイリスト
女性のためのスタイリングサロン　ビューティリア代表

1981年生まれ　愛知県出身
高校卒業後、アパレル販売員、一般企業で人事・受付を経験し、25歳で司会者の道へ。その後28歳で起業を決心する。

パーソナルスタイリストとして名古屋駅近くに「女性のためのスタイリングサロン　ビューティリア」をオープン。ブログのみのブランディング集客で全国から来客のある人気サロンに育てあげる。

その経験から、多くの人に「好きなこと起業」の楽しさを伝えたいとコンサルティング活動を開始。現在はサロンをチーム化し、自身はワークライフスタイリストとして「可愛いままで起業できる！」をコンセプトに活動。

女性らしく自分らしく、幸せと豊かさを手に入れられる生き方を、自身のマインドやライフスタイルを通して発信している。名古屋を拠点に東京、大阪でも「起業」や「お金」のセミナーや講座を開催し、人気を博している。

宮本 佳実ブログ「可愛いままで起業できる！」
http://ameblo.jp/beauteria/

可愛いままで年収1000万円

2015年7月10日　第1版第1刷発行
2015年7月30日　第1版第2刷発行

著　者　宮本佳実
発行者　玉越直人
発行所　WAVE出版
〒102-0074　東京都千代田区九段南4-7-15
TEL　03-3261-3713　FAX　03-3261-3823
振替　00100-7-366376
E-mail: info@wave-publishers.co.jp
http://www.wave-publishers.co.jp

印刷・製本　萩原印刷

NDC159 203p 19cm
ISBN978-4-87290-756-8